# CASADOS & FELICES

HERNANDES DIAS LOPES

hagnos

© 2008 por Hernandes Dias Lopes,
Publicado originalmente por la Editora
Hagnos Ltda., São Paulo, SP, Brasil, con
el título: *Casados & Felizes*.
© 2017 Hernandes Dias Lopes para
Español

Traducción
*Juan Carlos Martinez Pinto*

Revisión
*Vernon Peterson*

Portada
*Adaptación equipo Hagnos*

Diagramación
*Felipe Marques*

1ª edición - Julio de 2017

Editor
*Juan Carlos Martinez*

Coordinador de Producción
*Mauro W. Terrengui*

Impresión y acabado
*Imprensa da Fé*

Todos los derechos de esta edición reservados para:
Editorial Hagnos Corp.
2227 Suite A W. Hillsboro Blvd,
Deerfield Beach, FL 33442 U.S.A.
E-mail: editorial@editorialhagnos.com
http://www.editorialhagnos.com

**Catalogación en la Publicación (CIP)**
**Angélica Ilacqua CRB-8/7057**

Lopes, Hernandes Dias
  Casados & felices / Hernandes Dias Lopes ; traducción : Juan Carlos Martinez. – Deerfield Beach, FL : Hagnos, 2017.

ISBN 978-85-7742-199-2
Título original: *Casados & felizes*

1. Parejas – la vida religiosa 2. Relaciones marido mujer 3. Matrimonio – aspectos religiosos 3. I. Título II. Martinez, Juan Carlos

16-1460                                                                                                                    CDD 248.844

Las puntuaciones de catálogo sistemático:
1. Parejas : la vida religiosa
2. Relaciones marido mujer

# Dedicatoria

Dedico este libro al querido hermano Manfred Koeller y su amada esposa, Anézia. Ellos son hermanos, amigos y compañeros de andar juntos, refrigerio de Dios en mi vida, familia y ministerio, instrumentos del Altísimo que han sido una gran bendición para nosotros.

# Contenido

Prefacio ................................................................................. 7

1. Las imágenes del matrimonio ............................................. 9
2. Las imágenes del matrimonio (parte 2) ........................... 21
3. La receta de Dios para la felicidad en el matrimonio ....... 43
4. Manteniendo la alegría en el matrimonio ....................... 57
5. Los ingredientes de un matrimonio feliz ......................... 69
6. La comunicación, el oxígeno del matrimonio feliz .......... 85
7. La intimidad sexual en el matrimonio feliz ..................... 95
8. Las virtudes de la mujer que edifica
   un matrimonio feliz ....................................................... 107
9. El perdón y la reconciliación
   son mejores que el divorcio ........................................... 123

# Prefacio

Perdida y confusa en su individualismo consumista y narcisista, la sociedad secular contemporánea busca frenéticamente la felicidad. Esa felicidad, en gran parte, pasa por las configuraciones complejas y enigmáticas de las relaciones humanas. Y por más grande que sea el progreso tecnológico y las facilidades de la vida del siglo 21, parece que las relaciones sociales y familiares se encuentran en una crisis sin precedentes.

Quizás lo más sorprendente y preocupante es el hecho que la crisis también se presenta en las iglesias y comunidades cristianas y evangélicas. Lejos de ser islas de refugio, las iglesias evangélicas han sentido de cerca el drama de los matrimonios y familias debilitadas por el empobrecimiento de las relaciones conyugales. ¡La comprobación de la triste realidad es el número de divorcios en nuestras iglesias!

En esas circunstancias tan desfavorables, la luz de la Palabra divina aun resplandece, y con mucho brillo. Es con alegría y esperanza que presento CASADOS & FELICES, una obra rica del reverendo Hernandes Dias Lopes, escritor hábil, consagrado por sus obras que traducen la teología cristiana para la vida práctica. Este libro trae la enseñanza bíblica sobre el matrimonio y *tips* prácticos del día a día que hacen toda la diferencia.

La capacidad de síntesis, el equilibrio de enfoque, base bíblica y la atención a detalles fundamentales de la relación conyugal marcan de manera especial esta obra que promete y es edificante. Más allá de ir para teorías complejas y exorbitantes, el reverendo Hernandes Dias Lopes se concentra en la perspectiva bíblica del matrimonio, del sexo y de la relación entre marido y mujer. A continuación, alejándose de un abordaje de generalidades, CASADOS & FELICES le da mucha atención a las pequeñas cosas de la vida conyugal que se comparan al regar de una planta. Este cuidado especial, con toda su riqueza multifacética, es enfatizado y tratado con sensibilidad. Y hasta el "fantasma" del divorcio es discutido con la atención necesaria de manera muy sobria y realista.

Tenemos la convicción y esperanza que CASADOS & FELICES será una bendición en la vida de la pareja y de la familia. Nuestro deseo es que los esfuerzos del autor en su preparación, reflexión, experiencia, oración y deseo de bendecir nuestras familias sean plenamente recompensados con una gran calidad de vida conyugal en cada hogar donde esta obra se encuentre.

Luiz Sayão

# 1

## Las imágenes del matrimonio

Escribiendo sobre matrimonio, el apóstol Pablo dice que es un gran misterio en Efesios 5.

El hombre es muy diferente de la mujer. Él tiene una cosmovisión profundamente diferente de la cosmovisión de la mujer. El hombre ve cosas, las siente e interpreta de manera diferente de la mujer. Algunos escritores contemporáneos intentan describir esa diferencia entre el universo masculino y el femenino por el título provocante de sus libros: *Los hombres son de marte, las mujeres son de venus*, *¿Por qué los hombres mienten y las mujeres lloran?*, *¿Por qué los hombres quieren sexo y las mujeres quieren amor?*

El libro de Proverbios describe con figuras intrigantes esa complejidad casi incomprensible del matrimonio. El sabio dice tres cosas que le encantaban, pero una cuarta no comprendía (Pr 30:18,19). ¿Qué le encantaba? *El rastro del águila en el aire; el rastro de la culebra sobre la peña; el rastro de la nave en medio del mar.* ¿Qué es lo que su mente peregrina y ágil no conseguía entender? *El rastro del hombre en la doncella*, o sea, el matrimonio.

La mejor manera de explicar algo complejo no es por medio de palabras, sino de figuras e imágenes. Vivimos en el mundo de las imágenes. Imágenes hablan más que palabras. Una figura vale más que mil palabras. Por eso, Jesús de Nazaret, el maestro más grande de todos los tiempos, usó figuras e imágenes para ilustrar sus grandes conceptos. Cuando Jesús quiso hablar sobre la influencia de la iglesia en el mundo, no hizo un discurso rebuscado con palabras eruditas, sino invocó la figura de la sal y de la luz. Cuando él quiso tratar del principio de la humildad, no mencionó los grandes pensadores de la filosofía griega, sino tomo un niño y lo puso en sus rodillas, diciendo que quien no se hiciera como un niño jamás entraría en el reino de los cielos. Cuando Él quiso explicar su importancia para el hombre, dijo de Sí mismo: *Yo soy el pan de vida; Yo soy el camino, la verdad y la vida; Yo soy la puerta; Yo soy el buen pastor; Yo soy la resurrección y la vida.*

En este texto, examinaremos algunas figuras. Algunas son exóticas, otras familiares, pero todas abren una ventana para nuestra comprensión.

## Una maleta vieja, pesada y sin manija[1]

El matrimonio es como una maleta vieja, pesada y sin manija. La figura parece rara y negativa, pero sugiere algunas

---

[1] [NT] En Brasil se usa la expresión "mala" (maleta) también con connotación negativa y en el caso de este libro aún más por causa de las cosas que ella puede traer para dentro del matrimonio, que de por sí ya le hacen una carga molesta y más aún si no tiene manija para cargarla adecuadamente.

cosas. Cuando nos casamos, llevamos para la casa una maleta con nuestro ajuar. En ese ajuar, no solamente llevamos vestidos y lencería, sino también nuestros hábitos, mañas, cultura, idiosincrasias, vicios y deformidades. Cuando deshacemos nuestras maletas y juntamos nuestras cosas, algunas cosas sobran, y esas cosas incomodan, y mucho.

El matrimonio es un gran misterio. Es un milagro que dos personas tan diferentes, como el hombre y la mujer, se armonicen en una relación. El hombre es un universo completamente diferente de la mujer. Hay algunos libros que enfatizan esa profunda diferencia como los mencionados anteriormente. El hombre tiene la tendencia a ser más racional, mientras la mujer es más sentimental; el hombre tiene una visión general, y la mujer observa las particularidades; el hombre es más práctico, y la mujer más observadora. Así vemos como se complementan formando una armonía prácticamente perfecta.

Es un hecho digno de mención que cuando marido y mujer aterrizan en el hogar dulce hogar, después de la luna de miel, notan que traen determinadas cosas muy valiosas que jamás dejaran de lado. Hay determinadas mañas que jamás nos despegamos. Podemos deshacernos de algunas cosas, pero de otras jamás lo haremos. Al caminar por las calles de la ciudad donde vivo, vi una mujer empujando un carrito lleno de baratijas, de cosas viejas y sucias. Ella se aferraba a esas cosas como si fueran un verdadero tesoro. Me imaginé que todos nosotros también tenemos un carrito que empujamos. Dentro de ese carrito llevamos nuestros hábitos, cultura y mañas. No permitimos que nadie venga a incomodarnos ni a quitarnos bienes tan valiosos.

Pasamos buena parte de nuestra vida agarrados a esa maleta vieja, puliendo nuestras monedas antiguas y lustrando nuestros escudos centenarios. Tenemos orgullo de la herencia que recibimos de nuestros padres y abuelos, de las mismas reliquias que nuestros ancestros guardaron. Nos sentimos guardianes de las tradiciones de la familia y jamás estamos dispuestos a deshacernos de esos artefactos tan preciosos. Somos los preservadores de esos relicarios y nos sentimos orgullosos de pasar a la siguiente generación esa maleta vieja, o sea, nuestros hábitos y cultura.

Cuando abrimos esa maleta vieja, pesada y sin manija, notamos que muchas de esas reliquias pueden incomodar profundamente a nuestro cónyuge. Todo nuestro vocabulario, nuestro tono de voz, nuestras mañas, nuestros hábitos, nuestras costumbres, nuestros gustos, nuestras preferencias pueden ser de gran incomodidad para quien convive con nosotros bajo el mismo techo. Hay cosas pequeñas que pueden irritar uno al otro, como la manera de masticar o de apretar la crema dental. Deberíamos ser más sensibles a nuestro cónyuge y menos apegados a esas reliquias y antigüedades que transportamos en esa maleta vieja y sin manija.

### Una cuenta bancaria

Como dice Willar Hartley "El matrimonio puede ser comparado a una cuenta bancaria: tenemos que consignar más que lo que retiramos. Si intentamos retirar de nuestra cuenta más que lo que consignamos, vamos a la quiebra, perdemos el crédito, y nuestro nombre ira para el rol de los deudores. En el matrimonio sucede lo mismo: tenemos que invertir más que lo que cobramos; elogiar más que lo que criticamos; amar más de lo que exigimos del ser amado."[2]

Es una tontería pensar que dos personas son automáticamente felices. La felicidad no es automática, sino un objetivo a ser perseguido con mucho trabajo, esfuerzo y dedicación. Estamos de acuerdo con el gran inventor Thomas Alva Edson que nuestro éxito es construido de 10% de inspiración y 90% de transpiración. Aquella idea que dos personas se casaron y fueron felices para siempre es una utopía, un sueño romántico inocente que no pasa de un mito. Todo matrimonio necesita de inversión y renuncia. No hay matrimonio ideal, o perfecto. No existe esa idea de dos personas completamente compatibles. Un matrimonio feliz es construido con inteligencia, dedicación y esfuerzo.

Otra idea que tenemos que desmitificar es aquella de las dos almas gemelas. La idea que dos personas pueden ser el reflejo uno de la otra no es una realidad. La Biblia no enseña eso. El matrimonio es una unión de dos personas distintas y diferentes para un propósito común. Son dos personas que vienen de familias diferentes, con gustos diferentes, que se unen para formar una sola carne. Para que esa unión se vuelva armoniosa, es necesario hacer constantes inversiones. Es necesario mantener siempre un saldo positivo en la relación conyugal.

Existen personas que cobran mucho y nunca ofrecen nada. Esperan mucho del cónyuge, pero dan poco. Son verdaderas sanguijuelas y parásitos en el matrimonio. Explotan al cónyuge y quitan todo lo que pueden, sin ofrecer nada a cambio, a no ser incomprensión e intolerancia. Ese no es el proyecto de Dios para el matrimonio.

---

[2] HARTLEY, Willard. *His needs Her needs*. Revell, 2002.

Existen otras personas que buscan el cónyuge ideal para el matrimonio. Eso también es un mito. No existe esa persona ideal. La cosa no es buscar la persona ideal, sino ser la persona adecuada. El problema no es el otro; soy yo. Cuando hablo en buscar la persona ideal, estoy diciendo que ya soy la persona perfecta y que el otro es quien tiene que cambiar. Eso es un engaño. Un matrimonio es un ajuste constante de dos personas diferentes. Son como dos ríos que unen sus aguas en un mismo lecho, pero sin jamás perder su individualidad. Los cónyuges son como las aguas del rio Negro y Solimoes[3]; a pesar que se unen en un mismo lecho, conservan sus diferentes matices. Todo matrimonio tiene que trabajar dos áreas vitales: renuncia e inversión. Sin esos dos ingredientes, no hay matrimonio feliz.

Nosotros no nos casamos para ser felices; nos casamos para hacer al cónyuge feliz. El amor no es "ego centralizado", sino "otro centralizado". La Biblia dice que el amor no tiene como objetivo sus propios intereses. El amor no piensa en lo que puede recibir, sino en lo que puede dar. En primer lugar, no busca la satisfacción del "yo", sino en la realización del otro. Él no mira para el propio ombligo, sino se concentra en la realización y en la felicidad del otro.

### Ojos abiertos y oídos atentos

Dios hizo a la mujer diferente del hombre, a pesar que fue a partir de este. Dios es creativo, y Su creación expresa Su bondad y espléndida sabiduría. Cada persona es un universo singular, con huellas digitales únicas. Dios le creo y tiró el

---

[3] [NT] Ríos brasileños, siendo que el Negro, nace en Colombia y se le conoce como Rio Guainía. Estos se unen en Manaos.

molde a la basura. Dios no nos creó en serie, sino hizo a cada uno de manera exclusiva y peculiar.

Una de las características que difieren el hombre de la mujer es que esta es atraída por lo que oye, y el hombre es despertado por lo que ve. De esa manera, la mujer debe ser más atenta con su presentación personal, y el hombre más cuidadoso con sus palabras.

Existe un adagio chino que dice que debemos tener los ojos bien abiertos antes del matrimonio, y después cerrados. Parece que muchas personas cierran los ojos durante el noviazgo y después del matrimonio, sufren de insomnio y viven no sólo con los ojos abiertos, ¡sino cargando una gran lupa! El noviazgo es una experiencia de adecuación y prueba. Cuando él presenta señales de celos, peleas, desacuerdos, eso es una advertencia que no se debe continuar. Taparse los oídos a esas advertencias es hacer un viaje en dirección al desastre. Es una locura consumada hacer un viaje sin atender a las advertencias a la orilla del camino; eso sería poner nuestra vida en riesgo. Usted no es una isla. Cuando usted camina hacia el matrimonio sin observar las advertencias de Dios, el resultado es sufrimiento para usted, su familia y las futuras generaciones.

En vista de esto, ¿qué quiere decir que los hombres se despiertan por lo que ven? ¿No es que Dios los creo así? Eso es una peculiaridad inalienable del ser masculino. No hay nada intrínsecamente malo en eso. Sin embargo, esa característica se constituye en una advertencia en dos áreas:

Primero, **las mujeres deben ser más cautelosas en la manera de vestirse**. Si al hombre le gusta mirar, a la mujer le gusta que la miren. Si el hombre es atraído por lo que ve, una mujer distraída en la manera de presentarse al marido comete un grave error. Ella debe prestar atención para agradar al marido y presentarse con gracia y belleza, aun en la intimidad del hogar. Una mujer sabia no deja de lado la apariencia, su vestuario y su cuerpo. Ella tiene placer en prepararse para su marido, volviéndose siempre atrayente para él. Ella tiene que continuar siendo una fuente de placer para él.

Algunas mujeres se van a la cama con la camiseta arrugada de la campaña política de las elecciones pasadas y aún tienen la pretensión que el marido se anime en la relación sexual. No se haga ilusiones; su marido está viendo mujeres atrayentes y perfumadas todos los días y tiene que continuar mirándola a usted como alguien que se alista para él. Una ropa interior que atraiga, o un pijama de seda es una gran inversión en el matrimonio. El cuidado con el cabello, con el cuerpo, con lo que viste, con la presentación personal es algo que todo marido aprecia en su esposa.

Segundo, **los hombres tienen que vigilar para no caer en las redes de la seducción**. El hombre tiene que hacer pacto con sus ojos para no caer en tentación. Las mujeres tienen que distinguir entre lo que es vestirse con buen gusto y vestirse para despertar en los hombres un deseo lascivo. Una mujer cristiana no expone su cuerpo como instrumento de iniquidad. Ella no baratea su cuerpo, presentándolo en la vitrina del deseo carnal. Ella debe comprender que su cuerpo es templo del Espíritu Santo y pertenece a su marido. La mujer cristiana entiende que las ropas muestran más que lo que esconden. Ellas revelan más el íntimo de lo que tapan el exterior. La manera como una mujer se vista desnuda su ser interior y revela sus valores.

La Palabra de Dios condena el uso inadecuado del cuerpo con el propósito de despertar en otro el deseo lascivo. La defraudación es el pecado de despertar en el otro un deseo que no puede ser satisfecho lícitamente (1 Tes 4:3-8). Ese principio bíblico debe llevar las mujeres cristianas a ser criteriosas en la manera de vestirse. Cuando un hombre peca por la codicia de los ojos, eso muchas veces es fruto también de la falta de modestia y decencia de las mujeres al vestirse. David pecó al cometer adulterio con Betsabé, pero ella también peco al bañarse desnuda en un lugar vulnerable a los ojos de otro. David cayó, pero ella le puso la soga que lo tumbó.

A su vez, los hombres, deben hacer pacto con sus ojos para no ponerlos con lascivia en una mujer que no sea su esposa. Deben huir de la impureza, y no alimentar sus ojos con la lascivia. Existen determinadas situaciones que la Biblia nos manda enfrentar y resistir, y otras que nos manda huir. En ningún momento Dios nos enseña a resistir a ese pecado del deseo lascivo; al contrario, nos manda huir. Ser fuerte es huir, igual como José huyó de la mujer de Potifar.

Esa figura nos trae otra lección. Los hombres deben ser cuidadosos con lo que le dicen a la esposa. La lengua tiene el poder de dar la vida o la muerte (Pr 18:21). Con ella, edificamos o destruimos la relación conyugal. Muchas mujeres pierden el encanto con la relación conyugal porque fueron humilladas por comentarios indelicados, palabras ferinas y gestos con desaire de los maridos. Muchos hombres son como Nabal en la Biblia, duros en la manera de tratar a los demás. A nadie le gusta ser comparado con otra persona. Somos una persona única y singular. La comparación humilla y aplasta las emociones de la persona.

Criticar la esposa en la presencia de otras personas es también un gran agravio. Hay maridos tan insensibles que además de hacerle críticas a la esposa, aun la expone a la vergüenza pública. Por otro lado, tratar a la esposa con rispidez, o sea con ira, destruye el romance. Una mujer pierde el interés sexual por un hombre que la trata con desprecio. Nada destruye más el romance que las palabras duras. El despreciar el cuerpo de la mujer, al humillarle por estar gorda o delgada, acaba con las emociones y la autoestima. Por último, el marido debe mantenerse en silencio si no puede hablar cosas positivas acerca de la familia de la esposa, ¡aunque haya cosas negativas que pueden ser mencionadas!

### Partido de tenis tradicional, o tenis de playa

El matrimonio no es una competencia, sino una sociedad. Los cónyuges no son rivales, sino socios. Ellos no están disputando ni compitiendo uno con el otro, sino cooperando juntos. La Biblia dice que mejor es ser dos que uno. La mujer fue dada al hombre no como la rival, sino como la compañera idónea, o sea, una persona adecuada. Ella completa al hombre emocional, psicológica, espiritual y físicamente.

Rubem Alves[4] usa una figura simple, pero creativa y eficaz, para ilustrar lo que es el matrimonio: puede ser un partido de tenis tradicional, o tenis de playa. Ambas modalidades tienen dos jugadores, dos raquetas y una pelota. Pero el partido de tenis tradicional es más agresivo. Los dos jugadores entran en una cancha para competir, y uno tiene que derrotar al otro. Los jugadores aprovechan el error del rival para prevalecer sobre él. En el partido de tenis, no

---

[4] [NT] Rubem Alves, 1933 – 2014. Brasileño. Fue psicoanalista, profesor, teólogo, escritor y ex-pastor presbiteriano. Es considerado hasta hoy uno de los más grandes pedagogos brasileños. También fue profesor de la Universidad Estatal de Campinas (UNICAMP), en Brasil

se perdona la falla del rival, al contrario, ella es explotada para conseguir la victoria. Por contrario, en el tenis de playa las cosas son diferentes. Los jugadores no son rivales, sino socios. Ellos no compiten; colaboran. En un partido de tenis de playa, no hay perdedores. Ellos no juegan para triunfar sobre el otro, pero para tener un rico momento de deleite. Cuando uno de los jugadores comete una falla, el otro hace un gran esfuerzo para devolver la pelota en condiciones de juego, pues el partido no puede parar. Así mismo, el matrimonio debe ser como un partido de tenis de playa, y no un partido de tenis tradicional.

Hoy vivimos un romper de paradigmas. Nuestra cultura no tolera principios absolutos. Vivimos una pérdida de criterios. Nuestra generación está removiendo los marcos antiguos. Actualmente, muchas personas se casan, pero no se comprometen. Ellas duermen en la misma cama, pero no comparten los mismos sueños. A veces tienen el mismo apellido, pero no luchan por los mismos ideales. Es bastante normal que marido y mujer trabajen fuera del hogar. Cada uno tiene su cuenta bancaria y gasta su dinero como quiere, sin darle explicaciones al otro. El matrimonio se limita al lecho conyugal.

En estos tiempos pos-modernos vemos la decadencia del matrimonio. El índice de divorcios crece de manera alarmante. En algunos países como Estados Unidos, el índice de divorcios ya pasó de 50%. En esta última década en Brasil, el divorcio entre la tercera edad creció 51%. No existe etapa segura del matrimonio. En la milagrosa era de la comunicación, el diálogo está muriendo dentro de la familia. Está acabando el compañerismo. Vivimos el tiempo de las relaciones desechables. Se acabó ese tiempo dorado de pertenecer uno al otro, del gustar estar juntos, de continuar el noviazgo después del matrimonio, de disfrutar juntos la vida, los sueños, las alegrías y las tristezas.

¿Cómo está su matrimonio? ¿Puede ser comparado a partido de tenis tradicional o de playa?

# 2

# Las imágenes del matrimonio (parte 2)

### Las primeras cosas primero

Prioridad es una palabra clave. Nada es más desastroso que pasar toda la vida involucrado con banalidades y dejar de lado lo que es prioridad. El matrimonio no es un apéndice en la vida. Se trata de la esencia de la propia existencia. Marido y mujer tienen una relación más sólida que la relación con los hijos. Marido y mujer son una sola carne. Los hijos nacen, crecen se casan y se van del nido, pero marido y mujer continúan construyendo su historia. La relación de ellos solamente debe terminar con la muerte.

En cierta ocasión, un hombre me buscó pidiendo ayuda. Su matrimonio estaba llegando al fin. Después de quince años de vida conyugal, la relación se estaba rompiendo. Deseando construir un patrimonio, ambos empezaron a trabajar con mucha determinación desde el comienzo. El marido trabajaba de las 6 de la mañana hasta las 5 de la tarde, y la esposa de las 6 de la tarde hasta las once de la noche. Después de quince años, uno miro al otro y preguntó: "¿Quién es usted?" La cara que cada uno veía no era la del cónyuge, la voz que cada uno oía no era la del cónyuge, el olor que cada uno sentía no era el del cónyuge. No tardó para que ellos tuvieran la sensación que estaban durmiendo con un extraño, para no decir que ya estaban durmiendo con el enemigo. Las cosas no pueden ocupar el lugar de las personas.

Relacionamiento es más importante que bienes materiales. Lo que usted necesita para ser feliz no es una casa más amplia, ni un carro de cero kilómetros, sino de una relación llena de encanto. Se equivocan los que piensan que la felicidad está en el tener, y no en el ser. Se equivocan los que sacrifican el matrimonio para llegar a la cúspide de la pirámide social.

La película *El abogado del diablo* retrata ese hecho de manera dramática. Seducido por la riqueza y la fama, el joven abogado deja su tranquila ciudad y se dirige a Nueva York. El éxito le llenó su cabeza. La fama lo embriagó. Empezó a romper con su conciencia. Negoció valores absolutos para ganar dinero. Tuvo una carrera meteórica. Se volvió un fenómeno, ganó mucho dinero, pero para eso tuvo que vender el alma al diablo. En esa carrera rumbo al éxito, perdió su esposa y acabó con su propia vida. Ningún éxito recompensa el fracaso de la familia. La victoria que exige el sacrificio de la familia es pura pérdida. Ella tiene sabor de amarga derrota.

Conocí un empresario que tenía orgullo de añadir anualmente a su declaración de impuesto de renta un apartamento más, una finca más, una automóvil más. Para alcanzar ese objetivo, él tenía tres empleos. Trabajaba todo el día y parte de la noche. No tenía tiempo para convivir con los hijos. Salía de la casa y los dejaba durmiendo; cuando llegaba, ellos ya estaban descansando. Los años pasaron, y ese empresario más y más se sumergía en el trabajo. Quería dejarles una herencia sólida. En esa sed por la riqueza, no se dio cuenta que estaba perdiendo los hijos. Sus hijos no necesitaban regalos, sino de presencia. Ellos no querían bienes; querían al padre. Cuando su hijo cumplió 18 años, amargado con la ausencia del papá, se involucró con drogas y murió enseguida de sobredosis. El papá lloró con amargura y tardíamente reconoció que toda su fortuna no podía llenar el vacío que el hijo había dejado. Reconoció que si pudiera volver atrás empezaría todo de manera diferente y daría todo a cambio de su hijo.

La Biblia dice que los hijos son herencia de Dios. Ellos son más importantes que los bienes materiales. Ellos valen más que toda la fortuna del mundo. Busque las primeras cosas primero. Haga nuevamente su agenda. Cambie el orden de las prioridades de su vida.

Muchos padres no tienen tiempo para los hijos. Un hijo llega a la casa y pide que le ayuden con las tareas del colegio, y los padres responden: "No tenemos tiempo; estamos muy ocupados". A continuación, timbra el teléfono, y ellos corren para contestar y gastan treinta minutos conversando frivolidades. Los hijos descubren que tienen menos valor para los padres que los amigos. Ellos notan que los padres están disponibles para los de afuera, y no para ellos. Muchos padres pierden la oportunidad de declarar amor a sus hijos. Dejan de tener a sus hijos adolescentes en regazo. Dejan de invertir tiempo en la vida de los hijos.

El rey David era un padre amoroso. A él no le gustaba llevarle la contraria a los hijos. Pero en una ocasión, David tuvo un problema con su hijo Absalón. Este tuvo que huir del país para no enfrentar la persecución del papá. El tiempo pasó, y David no intentó resolver el impase entre él y Absalón. Por insistencia de Joab, Absalón volvió a Jerusalén, pero no pudo ver la cara del papá. Pasaron dos años, y Absalón le mandó una razón para el papá diciéndole que prefería que el papá lo matara a continuar con el diálogo interrumpido con él. David lo recibió en el palacio, pero no le dirigió ni siquiera una palabra; apenas lo besó. Aquel joven amargado salió de allí para conspirar contra el papá. En ese infeliz episodio, Absalón muere, y David llora diciendo: "Absalón hijo mío, mi hijo Absalón". Ahora era tarde. David tuvo toda la oportunidad del mundo para expresar amor por el hijo, y lo hizo. Ahora Absalón no podía ver las lágrimas del papá ni sentir el calor de su amor. Tenemos la costumbre de mandar flores en abundancia cuando un ente querido muere. Llenamos el velorio con lindas coronas de flores cuando el muerto no puede oler ni siquiera un botón de rosas. Muchas veces durante la vida, no mandamos ni siquiera una flor, no hacemos ni siquiera un elogio. Tenemos que expresar amor a las personas correctas, en el tiempo correcto. Tenemos que buscar las primeras cosas primero.

## El mito del césped más verde

Tenemos la tendencia de pensar que las cosas de los demás son mejores que las nuestras. Somos tentados a estirar el cuello y mirar por encima del muro, admirando el césped verde del vecino. En cierta ocasión, Asaf casi se resbaló por mirar por la ventana del deseo y sentirse insatisfecho con su condición. En verdad, la insatisfacción lo dominó cuando él vio la prosperidad del impío. Él sintió que la vida del impío era mejor que su vida. El impío tenía riqueza, salud, amigos, prosperidad y éxito. A pesar de que él andaba de forma piadosa, era castigado implacablemente todos los días. Su mente estaba confusa; su alma, inquieta; y sus pies, dentro de una soga. Por providencia divina, fue al santuario y descubrió que la riqueza del impío no le daba la seguridad eterna. Notó que Dios era su tesoro en la tierra y en el cielo. Entonces, descubrió que no tenía razones para sentir envidia del impío. El césped más verde del impío apenas era una ilusión de óptica. Al otro lado de la cerca, no había un jardín de vida, sino un desierto de muerte.

Ese fenómeno se repite en la familia. Algunos padres piensan que los hijos de los demás son más educados que los suyos. Algunos maridos piensan que la mujer del vecino es más cariñosa que la suya. Algunas esposas piensan que el marido de la amiga es más atento que el suyo. Tenemos esa tendencia de pensar que los otros tienen algo o alguien mejor que nosotros. Eso es una equivocación. Sí usted pudiera convivir con esa persona que usted juzga ser mejor, se daría cuenta que las apariencias engañan. Las estadísticas prueban que 70% de las personas que se divorcian y se casan nuevamente, diez años después descubren que el segundo matrimonio fue peor que el primero.

Uno de los errores más comunes en los matrimonios estremecidos por la falta de cariño es el intento desesperado de retener el cónyuge que está escapando. En ese esfuerzo muchas personas se humillan, lloran, se desesperan y hasta le ruegan al cónyuge que no se vaya. Esa actitud es infantil e infructífera. Ella solamente ahuyenta aún más al cónyuge que se está alejando de la relación. Esa actitud despierta piedad, y no amor. Nadie se queda con nadie por piedad. La única actitud coherente y digna es valorizarse, levantar la cabeza y jamás rebajarse. En vez de entregarse al desespero, la solución es confiar en Dios y poner el pie en la vía de la victoria. La persona que está contemplando salir de la relación conyugal tiene que estar consciente que, si no cambia, va a perder su cónyuge. No podemos ser amados si no nos valoramos a nosotros mismos. No podemos ser amados si amasemos nuestras propias emociones debajo del rodillo compresor de la auto piedad.

Otro error que se comete en un tiempo de crisis conyugal es intentar monitorear al cónyuge, buscando vigilar y controlar sus pasos. Nadie consigue ser feliz viviendo bajo custodia o vigilancia. Nadie puede ser feliz en cabestro. La solución para un matrimonio en crisis no es construir una cerca más alta, sino mejorar el pasto del lado de acá de la cerca. En vez de vigilar al cónyuge que está mirando por encima del muro, el secreto es cultivar el césped de su pasto, con la finalidad que él encuentre deleite en la relación.

Existe un dicho popular que dice que atrapamos más moscas con una gota de miel que con un barril de hiel. Elogios funcionan mejor que críticas. La palabra buena es como medicina; ella produce vida. Existen muchos matrimonios que podrían ser restaurados si la marcación fuerte fuera remplazada por la prodigalidad del amor. Es necesario regar el césped para que ella se vuelva verde y suculenta. No deje su pasto secar. No intente levantar murallas con la finalidad de que su cónyuge sea impedido de mirar para el pasto del vecino. Mejore su pasto. Mejore su comunicación. Mejore su relación sexual. Una persona raramente buscará alimento en la mesa del vecino si hay pan abundante en su casa. Nadie busca embriagarse de amor en el regazo de la mujer ajena si puede saciarse en su propia fuente.

### No incendie su casa

Existen personas incendiarias. Ellas prenden fuego y, con una actitud loca destruyen no solamente cosas, sino también personas. Santiago comparó la lengua con el fuego. Apenas una chispa puede incendiar todo un bosque. Una simple colilla de cigarrillo puede hacer arder en llamas toda una casa. El fuego tiene la capacidad de esparramarse y llevar muerte y destrucción por donde pasa.

La comunicación es el oxígeno del matrimonio. La lengua puede dar vida a una relación o matarlo. Hay incendios provocados no por el fuego, sino por la lengua. Donde la comunicación es ruda, las relaciones se vuelven cenizas. Hoy vivimos el fenómeno del divorcio progresivo, o sea, la muerte del diálogo. Donde el diálogo muere, el matrimonio no sobrevive. El divorcio es una consecuencia de una comunicación enferma.

La carta de Santiago usa tres figuras para representar la lengua:

En primer lugar, **la lengua es como fuego**. El fuego quema, arde y destruye. Donde llega, hay pavor, pérdida y muerte. Muchas personas son destruidas por comentarios maledicentes. La maledicencia tiene el efecto de un incendio, se esparce rápido y trae destrucción. Los daños de la maledicencia muchas veces son irreversibles. Es como una persona que de lo alto de una montaña lanza una bolsa de plumas. Es imposible recogerlas todas. Una de las características más acentuadas del fuego es su capacidad de alastrarse. Un comentario malicioso corre rápido como un rastro de pólvora. El chisme se esparce con rapidez como el fuego en paja seca. El ser humano tiene la tendencia de creer en lo peor acerca de su prójimo. Por eso, un hecho negativo, de primera mano, puede alcanzar 55 personas, mientras que un hecho positivo solamente 18 personas. Las noticias trágicas encuentran más espacio que las buenas. Las noticias de primera plana de los periódicos son retiradas del submundo del crimen, y no de acontecimientos auspiciosos.

En segundo lugar, **la lengua es como veneno.** Una pequeña dosis de veneno puede llevar a la muerte de muchas personas. La lengua es venenosa. Ella es indomable. El hombre con su habilidad, consigue dominar animales del campo, las aves del cielo y los peces del mar, pero no consigue dominar la propia lengua. El hombre consigue con su arsenal bélico dominar una ciudad y un país, pero no consigue dominar a sí mismo, ni domesticar su lengua. El veneno de la lengua es peor que el veneno de la serpiente, porque este fue puesto en ella por el propio Creador, pero el veneno de la lengua procede de dentro del propio hombre. El veneno de la serpiente puede ser usado como remedio, pero el veneno de la lengua jamás tendrá el poder de curar. Donde es derramado, produce muerte.

En tercer lugar, **la lengua es como una fuente.** Una fuente puede ser instrumento de vida o muerte. Puede ser amarga o dulce. Una fuente amarga no consigue aliviar la sed ni gesta vida. Ella es una ilusión, en vez de ser una bendición. Tiene apariencia de fuente saludable, pero tiene agua amarga. Las personas sedientas se aproximan buscando alivio y apenas encuentran el agravamiento de la sed. La comunicación en el hogar tiene que ser una fuente dulce, y no amarga. Tenemos que ser canales de bendición, y no instrumentos de muerte. Nuestra lengua tiene que traer alivio, y no tormento; esperanza, y no falta de esperanza, bendición y no maldición.

## Cuidado con el control remoto

El control remoto es una de las cosas más poderosas de la actualidad. Usted tiene el poder en la punta de los dedos y, con el control en las manos, determina lo que quiere y lo que no quiere.

El control remoto hace que usted sea el dueño de la situación. Usted ve todo y no ve nada. Usted se conecta con todos, pero no tiene compromiso con nadie. Usted solamente ve lo que le gusta, y, si alguien le desagrada, usted lo echa con un simple clic en el botón. Usted tiene el poder en la punta de los dedos.

El gran problema es cuando intentamos transferir el control remoto para las relaciones. Hay muchos matrimonios donde se intenta hacer monitoreo, vigilar, controlar al cónyuge. Nadie consigue ser verdaderamente feliz siendo vigilado y controlado. Hay parejas que parecen estar conectados vía satélite y mantienen un estricto control sobre el cónyuge.

Esa actitud infantil asfixia al cónyuge y lo deja infeliz. Le quita su naturalidad y le falta el respeto en su individualidad. El intento de control es fruto de la inseguridad y los celos. Viene de una autoestima aplastada. Los celos son una enfermedad grave con tres síntomas muy diferentes:

En primer lugar, **una persona celosa ve lo que no existe**. Ella es capaz de transformar una fantasía en realidad y sufrir por la fantasía como si fuera realidad. Una persona celosa se imagina una situación dramática y disfruta el dolor como si su delirio fuera la más pura realidad. Una persona celosa es castigada, no por las circunstancias, sino por los sentimientos. Ella transforma jardines en desiertos, fuentes limpias en charcos llenos de barro, flores perfumadas en espinas puntiagudas. Una persona celosa es capaz de visualizar al cónyuge con otra persona y sufrir como si el cónyuge estuviera de verdad involucrado en el más repugnante caso de traición. La recompensa de la persona celosa es que normalmente le crea la curiosidad al cónyuge en aquello que él nunca había pensado. Una persona celosa acaba despertando en el cónyuge aquello que ella más teme. ¡Los celos acaban transformando fantasía en realidad!

En segundo lugar, **una persona celosa aumenta lo que existe**. Cuando una persona está dominada por los celos es capaz de juzgar un simple mirar del cónyuge para la otra persona como alguien apasionado de manera lasciva. Ella juzga las otras personas por los criterios enfermizos de su mente. Toda persona celosa es maliciosa. Ella ve todo por medio de las lentes del fraude. Pone maldad en todo lo que ve. Juzga hasta el pensamiento y las motivaciones íntimas de las personas. Sufre porque piensa que todas las personas están enfermas, así como ella lo está. Jesús dijo sí nuestros ojos son buenos, todo nuestro cuerpo será luminoso.

En tercer lugar, **una persona celosa busca lo que no quiere encontrar**. Esa es otra ironía que alcanza a la persona celosa; ella busca obsesivamente lo que jamás le gustaría encontrar. Una persona celosa vive buscando en el bolso, la ropa y el celular del cónyuge buscando alguna confirmación de sus sospechas. Una persona celosa es masoquista, le gusta sufrir. Ella se alimenta de yerbas amargas que salen de su propia alma enferma.

## No deje de comer en el banquete

El sexo es bueno, santo y da mucho placer. Después de la salvación, es la cosa más fantástica que Dios nos dio. Pero el sexo bueno, santo y seguro debe ser probado de acuerdo con los principios y propósitos de Dios. El sexo antes del matrimonio puede dar placer, pero no paz interior. Él viola los principios de Dios, y contra la práctica del sexo antes del matrimonio, Dios es el propio vengador. El sexo fuera del matrimonio es una transgresión de la ley de Dios. El adulterio ha sido una de las principales causas de lágrimas, vergüenza, sufrimiento y muerte. El sexo es como un río: cuando este corre dentro de su lecho, lleva vida por donde pasa, pero cuando sale del lecho, genera trastornos, caos y muerte.

Infelizmente, aun en el matrimonio, el sexo se ha vuelto fuente de tensión, y no de placer. Quiero enumerar algunos factores de tensión en la vida sexual dentro del matrimonio:

En primer lugar, **la impureza del sexo.** La Biblia es clara en afirmar que: *Honroso sea en todos el matrimonio, y el lecho sin mancilla; pero a los fornicarios y a los adúlteros los juzgará Dios* (Heb 13:4). Se equivocan los que piensan que, entre marido y mujer, cerrada la puerta de la habitación, vale todo. Existen prácticas que son degradantes e ilícitas aun entre marido y mujer. Dios creo el cuerpo perfecto y le dio un propósito para cada miembro del cuerpo. Por eso, nuestra nariz no está colocada hacia arriba, porque, si así fuera no moriríamos ahogados en la lluvia. Nuestra cara necesita la contribución de las manos para ser limpio, y nuestra boca, para ser alimentada.

Si intentamos cambiar lo que Dios hizo perfecto, degradaremos su creación. Eso también es verdad con respecto al sexo. Muchas parejas son influenciadas por la industria de la pornografía y no consiguen mantener relaciones sexuales sino ante una película pornográfica. Existen muchos hombres viciados en pornografía y, por causa de la depravación de su corazón, intentan importar toda la basura que ven para el lecho conyugal. Muchas mujeres angustiadas me han buscado como consejero para contarme de su tristeza y decepción con su marido. He acompañado parejas que llegan al fin del pozo, o al fin del recorrido, a la separación, por causa de ese vicio degradante. Conocí a un hombre que se quitó la propia vida porque no conseguía quitarse esa maldita atadura.

Viví en los Estados Unidos en los años 2000 y 2001 cuando hice un doctorado en Ministerio. En ese tiempo, hice viajes a varios estados americanos, predicando en iglesias de distintas denominaciones. Un día, recibí una llamada anónima de una mujer desesperada. Su marido, viciado en pornografía, había perdido el sentido de la decencia. Él la constreñía a ver todas las escenas sin pudor de las películas pornográficas mientras se relacionaba sexualmente con ella. El vicio no es sólo un mal terrible, sino también progresivo. La pornografía es como una dependencia química: la dosis de ayer no sirve para hoy. Es necesario aumentar la dosis cada día hasta llevar la persona a la decadencia moral. Ese marido empezó a seducir su esposa para acostarse con un amigo. Él quería realizar su fantasía usando su esposa como prostituta. Ese amigo ya había ido constantemente a su casa. Era un hombre más joven y atrayente que el propio marido.

En ese momento de presión, esa mujer me llamó. Yo le dije que, si accediera a ese capricho y fantasía del marido, se volvería una prostituta y estaría destruida a sus propios ojos. Además, su marido, después de ese descalabro, la descartaría como basura. La exhorté a confrontar el marido, y, sí él no se arrepintiera, ella debería abandonarlo. Era necesario que ella obedeciera a Dios, en vez de seguir los caprichos enfermizos del marido. Meses después, yo estaba predicando en una iglesia, y, después del culto se me acercó aquella joven mujer. Ella me extendió la mano y dijo: "Yo soy la mujer que le llamó". Le pregunté: "¿Qué sucedió?" Ella me respondió: "Mi marido se arrepintió, me pidió perdón y cambio de vida".

La pornografía es infidelidad. Cuando un hombre lleva esa basura para el lecho conyugal, aun manteniendo relación sexual solamente con la esposa, está adulterando, porque la mujer de su fantasía no es la esposa, sino aquella que ve en el video. Esas imágenes se instalan en la retina, bajan al corazón y aprisionan el alma.

Hace algunos años, hubo una gran huelga de recogedores de basura en la ciudad de Nueva York, la capital mundial del consumo. La basura quedo acumulada por más de una semana. La ciudad quedó sucia y maloliente. Un hombre tuvo una idea creativa para deshacerse de la basura de su casa. Lo colocó todo en una gran caja, la envolvió en un bello papel de regalo y dejó la caja en el baúl de su carro en una calle estratégica. Se quedó mirando de lejos las personas que pasaban y codiciaban el lindo paquete. Hasta que un avispado, no dominó la codicia, tomó la caja y corrió para la casa.

Cuando abrió la caja, era basura. Existen muchas personas llevando basura para la casa. Existen muchas parejas enfermas emocional y espiritualmente porque se están alimentando como basura. Existen muchos maridos que perdieron la alegría espiritual porque están hundidos en un mar de barro, dragando toda la mugre del submundo de las páginas web pornográficas.

En segundo lugar, **la frecuencia del sexo**. Pocas parejas conversan abiertamente sobre esa importante cuestión. Cada persona tiene un ritmo y una frecuencia sexual. Existen personas que son súper activas sexualmente. No hay nada de malo en eso. Pero cuando un hombre sexualmente enérgico se casa con una mujer que no tiene el sexo como su prioridad, y esa pareja no habla de manera franca sobre el asunto, eso produce grandes tensiones en la relación. Lo contrario también es verdad. A veces, es la mujer que es más activa sexualmente. Atendí una pareja que vino para consejería. Después de quince años de vida conyugal, ellos se estaban separando. Cuando busque saber las causas, el marido me respondió, con voz alterada: "Pastor, mi esposa no se interesa por el sexo". La esposa respondió en el mismo tono: "Pastor, este hombre solamente piensa en sexo". A pesar que fuera una pareja con estudios, ellos nunca habían conversado sobre la cuestión de la frecuencia sexual. Aquel marido quería sexo todos los días. Ella se contentaba con dos relaciones por semana. Es que ellos tenían valores diferentes. Les aconsejé a tener un valor medio. Les mostré que el amor no es centralizado en el "ego", sino centralizado en el "otro". La cuestión no es cuanto quiero, sino cuando mi cónyuge quiere la relación sexual. Mi papel en el matrimonio es satisfacer mi cónyuge, y no solamente a mí mismo.

Una mujer, después de una larga sesión de consejería, me dijo: "Pastor, yo no le gusto a mi marido; a él solamente le interesa lo exterior, sólo le interesa mi cuerpo". Después de varias sesiones de consejería, noté que no había ningún problema entre aquella pareja. El problema es que ellos no se conocían el uno al otro suficientemente para notar cual era el valor del sexo para cada uno.

En tercer lugar, **el chantaje del sexo.** El sexo es un arma poderosa y, por eso, muy peligrosa. No hay peligro más grande en el matrimonio que el chantaje sexual. No haga del sexo un arma, pues usted puede ser la víctima.

El apóstol Pablo advierte contra ese gran peligro en 1 Corintios 7:3-5. Veamos las tres principales orientaciones del apóstol sobre ese asunto:

En primer lugar, **mujer y marido tienen derechos garantizados en la relación sexual.** El texto dice: *El marido cumpla con la mujer el deber conyugal, y asimismo la mujer con el marido* (1 Corintios 7:3). ¿Cuál es el derecho de la mujer en la relación sexual? ¡El orgasmo! Dios creó a la mujer con la capacidad de sentir placer sexual. El placer no es pecaminoso, sino santo y bueno. El marido sensible está atento a ese derecho de su mujer. Aun hoy, en algunas culturas[1], usurpan ese sagrado derecho de la mujer. Leí que en cierta cultura africana las jóvenes adolescentes tienen su clítoris arrancado con un cuchillo, porque juzgan que la mujer honesta no puede sentir placer sexual. Eso es una abominable agresión y un vil preconcepto. Pablo, en el primer siglo, proclama que la mujer tiene el mismo derecho sexual que el hombre.

---

[1] [NE] Sucede en varios países de África pero también en algunos países musulmanes. Vea: https://pt.wikipedia.org/wiki/Mutila%C3%A7%C3%A3o_genital_feminina

Muchos maridos son insensibles o no se dan cuenta de las necesidades sexuales de su cónyuge. Desconocen o desprecian el hecho de que el sexo para la mujer no es solamente el acto sexual, sino que envuelve romanticismo, el cariño y el afecto. Marabel Morgan, en su libro *La mujer total*, escribe que el sexo empieza en el desayuno. Si el marido no trata la esposa con cariño durante el día, él no tendrá una mujer afectuosa en la cama. El hombre es un ser explosivo sexualmente. Él es capaz de tener una erección con diez segundos y estar listo para la relación sexual. Pero la mujer no es así. El calentamiento es más lento, pero no menos intenso por eso. El sexo de calidad para la mujer exige preludio, preparación y calentamiento. Para usar un lenguaje deportivo, hay hombres que entran en el juego sin calentamiento y quieren decidir el partido con penales, sin jugar los noventa minutos. Eso puede darle al hombre una sensación de alivio, pero en la mujer produce una gran frustración.

En segundo lugar, **marido y mujer no pueden privar uno al otro de la relación sexual**. Pablo continua: *La mujer no tiene potestad sobre su propio cuerpo, sino el marido; ni tampoco tiene el marido potestad sobre su propio cuerpo, sino la mujer* (1 Corintios 7:4). La Palabra de Dios no tiene problema para tratar la cuestión sexual con total abertura. Ella echa por tierra los mitos que se esparcieron por mentes desprovistas de la verdad, insinuando que el pecado original fue el sexo. El sexo fue ordenado por Dios antes de la caída. El sexo, como creado y prescrito por Dios, es bueno, santo y delicioso. De esa manera, el cónyuge es una fuente de placer y no debe privar su consorte de ese privilegio. La prohibición apostólica toca directamente la cuestión del chantaje sexual. Negar el sexo al cónyuge es un atentado contra un derecho sagrado que Dios le dio.

Obviamente, esa entrega no debe ser por fuerza ni por obligación. El matrimonio es construido sobre el fundamento del amor. Quien ama, se entrega voluntariamente.

En tercer lugar, **el sexo en el matrimonio es una ordenanza divina**. El apóstol Pablo es enfático: *No os neguéis el uno al otro, a no ser por algún tiempo de mutuo consentimiento, para ocuparos sosegadamente en la oración; y volved a juntaros en uno, para que no os tiente Satanás a causa de vuestra incontinencia* (1 Corintios 7:5). El sexo antes y fuera del matrimonio es pecado, pero en el matrimonio es una ordenanza. El sexo fuera del patrón de Dios es pecado, pero la ausencia de sexo en el matrimonio, según los principios de Dios, también es pecado. El sexo entre marido y mujer es la expresa voluntad de Dios. Es una fuente de placer y una protección contra la tentación.

El apóstol hasta dice que la abstinencia sexual entre marido y mujer no puede ser por cualquier motivo. Solamente cuando la pareja tiene una causa seria para presentar ante Dios, por medio de la oración, puede abstenerse de la relación sexual. Es la única vez que Pablo dice que para *ocuparos sosegadamente a la oración; y volved a juntaros* (1 Co 7:5). Hay muchos cónyuges que privan uno al otro de la relación sexual, con la justificativa de que están ayunando y orando. No hay ningún problema con la oración y el ayuno, desde que esas prácticas devocionales no sean un remplazo de la relación sexual.

Pablo también dice que la abstinencia no puede ser unilateral. Siempre debe ser de mutuo consentimiento. El marido no puede negarle el placer sexual a la esposa, ni está a él. Ese periodo de abstinencia para dedicarse a la oración debe ser un acuerdo entre ambos y no de uno solamente. Sin embargo, existen casos que aun estando de acuerdo los dos, no es recomendable. Por eso, Pablo dijo: *a no ser por mutuo consentimiento*.

Una pareja me buscó para consejería. Demostró interés en participar de nuestra congregación. Pero, después de una charla larga, la esposa me dijo: "Pastor, hay una cosa que tengo que decirle". Respondí: "Estoy a sus órdenes para oírla". Ella me miró a los ojos y dijo: "Hace veinte años que mi marido y yo no tenemos relaciones sexuales". Antes que yo le dijera cualquier cosa, ella añadió: "Pero nosotros tomamos esa decisión de mutuo acuerdo". Yo le dije a aquella pareja que Ananías y Safira también entraron en acuerdo para mentir al Espíritu Santo, y no fueron hechos inocentes por eso. Aunque la decisión haya sido tomada por la pareja, la actitud estaba en desacuerdo con la enseñanza de las Escrituras.

Pablo justifica ese cuidado: *para que no os tiente Satanás a causa de vuestra incontinencia* (1 Co 7:5). La abstinencia sexual entre el marido y mujer puede ser una soga, una trampa, un grave peligro. Si el cónyuge no encuentra en el lecho conyugal la satisfacción para sus necesidades sexuales, Satanás entra en medio y trama contra esa pareja.

Al comienzo de mi ministerio, recibí una llamada anónima denunciando un miembro de la iglesia de adulterio. Le llamé, le confronté, pero lo negó. Algunos días después, esa misma persona volvió a llamarme alertándome para la misma situación. Volví a conversar con aquel hombre. Entonces, quebrantado y llorando demasiado, me dijo que estaba viviendo en adulterio hacía varios meses. Justificó su caída: "Pastor, mi esposa no atiende mis necesidades afectivas ni me corresponde sexualmente. Siempre que la busco, ella se disculpa que está cansada o con dolor de cabeza". Aquel hombre había caído, pero su esposa tenía corresponsabilidad por su caída. Ella abrió un espacio para que Satanás hiciera de las suyas con su marido. El chantaje sexual ha sido la causa de muchos adulterios. Es difícil que un cónyuge satisfecho en el matrimonio se rinda a la seducción barata de la infidelidad conyugal.

## Espinas en el colchón

Pasamos casi un tercio de nuestra vida encima de un colchón. La mejor inversión que podemos hacer para nuestra comodidad es dormir en un colchón blando. Si hay espinas en el colchón, no descansamos, no relajamos, no tenemos placer para ir a la cama. Cuando usted va para la cama con el corazón pesado, porque su cónyuge fue rudo, insensible y le hirió con palabras, gestos y actitudes, usted no descansa, la noche se vuelve larga, y el colchón, lleno de espinas.

La Biblia dice que es *Mejor es vivir en un rincón del terrado Que con mujer rencillosa en casa espaciosa* (Proverbios 21:9). Nadie consigue relajar cuando la persona que debería ser una fuente de placer llena sus oídos de quejas y lamentos. Nadie consigue ser feliz cuando no es comprendido por la persona que usted más ama.

Durante los más de veinte años de consejería pastoral, he concluido que muchos cónyuges están estresados y desgastados uno con el otro. El matrimonio dejo de ser una fuente de placer, para ser un laboratorio de tensiones. En vez de una relación lubrificada por la armonía, está herida por los conflictos. Existen muchas tonterías e intolerancias. Existen muchos caprichos mezquinos que hieren al cónyuge. En verdad, lo que está acabando con la mayoría de los matrimonios hoy en día no son los grandes problemas, sino los pequeños. Cuando ellos no son tratados en el momento oportuno, de manera correcta, esos problemas pequeños se vuelven una bola de nieve.

El libro de Cantar de los Cantares habla de las zorras que echan a perder las viñas. Esos animales son pequeños, pero provocan un gran daño. Ellas destruyen no solamente los frutos, sino también las flores. Es un ataque sutil e imperceptible. De la misma manera son los problemas que van surgiendo en el matrimonio. Si son detectados y resueltos al comienzo, tienen solución, pero, postergados, pueden volverse no solucionables.

## No duerma con un zorrillo (Mofeta)

El zorrillo es un animal que no nos gusta tener de cerca. Huele mal. La Biblia nos advierte sobre el problema de la amargura. Ella crea raíz, perturba y contamina (Heb 12:15). La palabra "amargura" en griego tiene el sentido de olor de zorrillo, u olor de huevo podrido.

Es impensable que usted pase una noche en un ambiente contaminado por el olor de zorrillo. Pero, cuando una persona está amargada, ella tiene el olor de zorrillo. El autor de Hebreos da énfasis a tres cosas sobre la amargura:

En primer lugar, **la amargura brota y crea raíces**. Ella pone sus tentáculos en nosotros y se arraiga en nosotros con todas sus fuerzas. Ella se alimenta de nuestros sentimientos más primitivos. Ella nos domina y nos inunda con su veneno. Ella alcanza nuestra alma y nuestro cuerpo. Ella afecta nuestra razón y nuestros sentimientos. Ella ciega nuestros ojos, retiñe en nuestros oídos, acelera nuestro corazón, enferma nuestro cuerpo y atormenta nuestra alma. Donde esa raíz maldita se esparce, la vida se vuelve amarga.

En segundo lugar, **la amargura trastorna a aquel que la carga**. Una persona amargada vive trastornada. No tiene paz consigo misma, no tiene paz con Dios, no tiene paz con el prójimo. Una persona amargada vive atormentada por los flageladores. Vive prisionera bajo cadenas. Vive en el cautiverio del diablo. El que nutre amargura en el corazón, no conoce el perdón; y quien no perdona, no puede orar, ni adorar, ni contribuir, ni aún ser perdonado. El que no perdona, enferma. El que no perdona, es un solitario infeliz en el desierto de la vida. Sin perdón, no hay matrimonio saludable. El perdón es un ingrediente indispensable en la vida.

Somos imperfectos. Nos casamos con una persona imperfecta. Por eso, no podemos evitar que en el caminar de la vida tengamos motivos de queja unos contra los otros. Nosotros decepcionamos nuestro cónyuge, y nuestro cónyuge nos decepciona. Muchas veces nuestro cónyuge se trasforma en un ladrón de nuestra alegría. La persona que más amamos, no pocas veces, es aquella que abre las heridas más profundas en nuestra alma. El remedio para sanar esas heridas no es el tiempo ni el silencio, sino la terapia del perdón.

El perdón debe ser completo, inmediato e incondicional. El perdón no exige justicia; demuestra misericordia. Él no hace registro permanente de los errores del otro, sino que perdona la deuda sin exigir nada a cambio. El perdón no es una amnesia. Jamás olvidamos las cosas que nos sobrevienen. Ellas quedan registradas en lo profundo de nuestra memoria. Eso es un hecho inexorable.

Pero, entonces, ¿qué quiere decir cuando la Biblia dice que Dios perdona y olvida y que debemos perdonar como

Dios perdona? ¿Será que Dios tiene amnesia? ¡Claro que no! Es que, cuando Dios perdona, ¡jamás nos cobra lo que ya fue cancelado!

En tercer lugar, **la amargura contamina los demás**. Es casi imposible convivir con una persona amargada sin ser alcanzado por las gotas de ese veneno. Una persona amargada no solamente enferma, sino enferma todo lo que está a su lado. Una persona amargada es portadora de enfermedad, y no de salud; es instrumento de muerte, y no de vida.

Si usted no enfrenta ese pecado en su vida, va a dormir con el zorrillo. Y el que duerme con el zorrillo, queda con olor de zorrillo.

# 3

# La receta de Dios para la felicidad en el matrimonio

Una mirada al pasado nos ayuda a entender el presente. Interpretamos mejor nuestros días cuando tenemos una visión más clara de cómo fue el pasado. Uno de los mayores problemas de la civilización antigua era el pequeño valor dado a las mujeres. Ellas eran vistas no como personas, sino como propiedad del padre, y después, del marido. Veamos ese hecho en las culturas judía, griega y romana.

En primer lugar, **el valor de la mujer en la cultura judía**. Los judíos tenían un concepto bajo de las mujeres. Los judíos por la mañana le daban las gracias a Dios por Él no haberles hecho paganos, esclavos o mujeres. Las mujeres no tenían derechos legales. Ellas eran propiedad del padre cuando solteras y, del marido cuando casadas. En la época en que la Iglesia cristiana nació, el divorcio era trágicamente fácil. Un hombre podía divorciarse por cualquier motivo, por el simple hecho de la mujer haber colocado mucha sal en su comida o salir a público sin el velo. La mujer no tenía ningún derecho al divorcio, aunque su marido se volviera un leproso, un apóstata o se envolviera en cosas sucias. El marido podía divorciarse por cualquier motivo, mientras la mujer no podía divorciarse por ningún motivo. Cuando nació la Iglesia cristiana, el lazo matrimonial estaba en peligro dentro del judaísmo.

En segundo lugar, **el valor de la mujer en la cultura griega.** La situación era peor en el mundo helénico. La prostitución era una parte esencial de la vida griega. Demóstenes dijo: "Tenemos prostitutas para el placer; concubinas para el sexo diario y esposas con el propósito de tener hijos legítimos". Xenofonte afirmó: "La finalidad de las mujeres es ver poco, escuchar poco y preguntar lo mínimo posible". Los hombres griegos esperaban que la mujer cuidara de la casa y de los hijos, mientras ellos buscaban placer fuera del matrimonio. En Grecia, no había proceso para el divorcio. Era materia simplemente de capricho. En Grecia, el hogar y la vida familiar estaban a punto de extinguirse, y la fidelidad conyugal era absolutamente inexistente.

En tercer lugar, **el valor de la mujer en la cultura romana.** En los días de Pablo, la situación en Roma era peor aún. La degeneración de Roma era trágica. La vida familiar estaba en ruinas. Seneca dice: "Las mujeres se casan para divorciar y se divorcian para casar". Los romanos ordinariamente no colocaban los años con números, sino con los nombres de los cónsules. Seneca dijo: "Las mujeres numeraban los años con los nombres de sus maridos". El poeta romano Marcial habla de una mujer que tuvo diez maridos. Juvenal habla de una que tuvo ocho maridos en cinco años. Jerónimo afirma que en Roma vivía una mujer casada con su vigésimo tercer marido. La fidelidad conyugal en Roma estaba casi en total bancarrota. Pablo escribió Efesios 5:22-33 en ese contexto de quiebra de la virtud y desastre de la familia. Pablo apuntaba algo totalmente nuevo y revolucionario en aquellos días.

El concepto de familia está confuso hoy también. Hay confusión de papeles. En algunos países parece que no se reconoce la diferencia de papeles. Se reconoce la legitimidad de relaciones que la Biblia llama adulterio. Las relaciones homosexuales se vuelven cada vez más aceptables. La infidelidad alcanza más de 50% de las parejas y el índice de divorcios aumenta asustadoramente. La cultura posmoderna está volviendo a las mismas prácticas reprobables de los tiempos antiguos.

## La posición de la esposa (Ef 5:22-24)

El apóstol Pablo ordena que la mujer se sujete a su marido. John Mackay, el antiguo presidente del Seminario Teológico de Princeton, dijo que una de las artimañas más grandes del enemigo es quitarles el sentido a las palabras. Ninguna palabra ha sido más distorsionada que "sujeción". Entonces, antes de avanzar tenemos que detenernos un poco para comprender el significado del término.

### *Lo que no es sujeción*

Dos puntos tienen que ser destacados:

En primer lugar, **sujeción no es inferioridad**. Debemos desinfectar la palabra "sujeción" de sus sentidos adulterados.

La mujer no es inferior al hombre. Ella es tan imagen de Dios como el hombre. Ella fue sacada de la costilla del hombre, y no de sus pies. Ella es ayudadora idónea (aquella que mira en los ojos), y no una esclava. A los ojos de Dios, ella es igual con el hombre (Gal 3:28; 1 P 3:7). A lo largo de los siglos, la mujer fue humillada, agredida y despojada de sus derechos. La cultura machista, por muchos siglos, despojó a la mujer derechos legítimos concedidos a ella por Dios. En muchas culturas, la mujer no tenía derecho de votar, de trabajar fuera del hogar, de frecuentar los templos religiosos, ni aun separarse de un marido infiel y déspota.

De acuerdo a lo que ya mencioné, la mujer fue y aún es vista, en algunas culturas, como una cosa, un objeto, una propiedad del hombre para uso abusivo de él. Ese nunca fue el propósito de Dios ni posee cualquier base en las Escrituras Sagradas. La mujer es vista en la Biblia como alguien digno de ser amada al punto de que el hombre tenga que dejar padre y madre para unirse a ella, formando con ella una sola carne. La mujer es la corona del hombre. Quien encuentra una esposa encuentra el bien; ha encontrado benevolencia del Señor. Una mujer virtuosa vale más que el dinero, que la riqueza. Su valor excede el de finas joyas.

En segundo lugar, **sujeción no es obediencia incondicional**. La sujeción de la esposa al marido no es absoluta ni incondicional. La sujeción de la esposa al marido no puede contrariar la sujeción de ella al Señor Jesús. Ella está sujeta al marido mientras su sujeción a él no comprometa su fidelidad a Cristo. Solamente a Cristo le debemos una sujeción absoluta y exclusiva. Todos nosotros somos *dolos*, o sea, siervos de Cristo. Sin embargo, nunca se afirma que la esposa deba ser esclava o sierva del marido.

Nuestra relación con Jesús es una relación de sujeción completa, entera y absoluta. Eso es porque Jesús es un Señor generoso que nos amó y nos ama con amor eterno y dio Su propia vida por nosotros. Una mujer no está obligada a sujetarse a un marido que la constriñe a ser infiel a Cristo. Importa más obedecer a Dios que a los hombres. Si la sujeción de la esposa al marido implica su sujeción a Cristo, ella tiene que desobedecer al marido para obedecer a Cristo.

### Lo que es sujeción

Destacamos cuatro puntos fundamentales sobre el verdadero significado con relación a la idea de la mujer ser sujeta al marido:

En primer lugar, **es ser sujeta al marido por causa de Cristo**. La sujeción de la esposa al marido no es igual a la sujeción a Cristo, pero por causa de Cristo. La sujeción de la esposa al marido es una expresión de su sujeción a Cristo. La esposa se sujeta al marido por amor y obediencia a Cristo. La esposa se sujeta al marido para la gloria de Dios (1 Co 10:31), y para que la Palabra de Dios no sea blasfemada (Tit 2:3-5). El cristianismo rescató el verdadero sentido de la sujeción. Una esposa cristiana se sujeta al marido con alegría y espontaneidad. Ella lo hace no por constreñimiento ni por obligación, sino porque entiende que actuando así glorifica al Señor Jesús. La motivación más excelente de la esposa para sujetarse al marido es exaltar al Señor Jesús. Ella hace todo para agradarlo y, agradándolo, pavimenta el camino de su felicidad conyugal.

En segundo lugar, **la sujeción de la esposa al marido es su libertad**. La sujeción no es esclavitud, sino libertad. La verdad liberta. Yo soy un ciudadano libre cuando obedezco las leyes de mi país. Yo solamente tengo libertad para manejar mi carro cuando obedezco las leyes de tránsito. Un tren solamente es libre para correr y transportar con seguridad las personas cuando va sobre los rieles. Una persona solamente arranca sonidos sublimes de un piano cuando toca de acuerdo con las notas musicales.

La sujeción a los preceptos de Dios no esclaviza, sino liberta. El pecado esclaviza, pero la gracia trae libertad. Es una equivocación pensar que una esposa que se sujeta al marido es infeliz, insegura e inferior. Es una equivocación pensar que la sujeción es un certificado de inferioridad. Las mujeres más libres y felices son las que viven dentro del patrón de Dios, que obedecen la Palabra de Dios y viven por los principios establecidos por Dios. Fuera de la voluntad de Dios, reina la frustración. Una mujer que no se sujeta al marido no es libre, sino esclava del pecado, y en la esclavitud no existe verdadera felicidad.

En tercer lugar, **la sujeción de la esposa al marido y su gloria.** De la misma manera como la gloria de la Iglesia es sujeta a Cristo, también la sujeción de la mujer al marido es su gloria (Ef 5:24). La iglesia solamente es bella cuando se sujeta a Cristo. La sujeción de la Iglesia de Cristo no la deshonra ni la desvaloriza. La Iglesia solamente es feliz cuando se sujeta a Cristo. Cuando la Iglesia deja de sujetarse a Cristo, pierde su identidad, su nombre, su reputación, su poder. Por otro lado, la sujeción no es a un señor autoritario, autocrático, déspota e insensible, sino que hay alguien que la ama al punto de dar su vida por ella. La misma Biblia que ordena a la mujer ser sujeta al marido también ordena ese marido que ame su mujer como Cristo amó su Iglesia. No existen dos pesos y dos medidas. Es más, la exigencia hecha al hombre es más amplia, más intensa y más profunda. Si la mujer es invitada a imitar la Iglesia, el marido es invitado a imitar Cristo. El patrón que el hombre debe seguir es más alto.

En cuarto lugar, **la sujeción de la esposa no es a un marido tirano, sino a un marido que la ama como Cristo ama la Iglesia.** La Cabeza del cuerpo también es el Salvador del cuerpo; Cristo, como Cabeza de la Iglesia, la amó, la sirvió y murió por ella. Como ya afirmamos, la exigencia de Dios al marido es más grande que la exigencia hecha a la esposa. Cabe al marido amar su mujer como Cristo amó la Iglesia. El amor del marido debe ser perseverante, santificador, sacrificial, romántico y restaurador. No es difícil para que una mujer sea sujeta a un marido que ama como Cristo amó la Iglesia.

## La posición del marido (Ef 5:25-33)

Si la palabra que caracteriza el deber de la esposa es "sujeción", la palabra que caracteriza el deber del marido es "amor". El marido nunca debe usar su liderazgo para aplastar o sofocar su esposa. El marido sabio nunca intenta anular la personalidad de la esposa. El énfasis de Pablo no está en la autoridad del marido, sino en el amor del marido (Ef 5:25,28,33).

¿Qué significa sujeción? Es entregarse a alguien. ¿Qué significa amar? Es entregarse por alguien. De esta manera, sujeción y amor son dos aspectos de la misma cosa.

### *Los cinco verbos que definen la acción del marido*

El apóstol Pablo enumera en el texto cinco verbos que definen claramente el papel del marido.

En primer lugar, **amar**. El amor de Cristo por la Iglesia es de propósito; es sacrificial, altruista, abnegado y perseverante. De la misma manera, el marido debe amar la esposa. El verdadero amor busca la realización de la persona amada más que su propio bienestar. Quien ama se entrega. Quien ama, se sacrifica. Quien ama, busca el bien de la persona amada. Quien ama, enfrenta las crisis sin desistir. La Biblia dice que el amor es más fuerte que la muerte, y que ni todas las aguas de los océanos pueden ahogarlo. El amor es guerrero, combativo. El amor no desiste nunca de luchar, vivir y morir por la persona amada.

En segundo lugar, **se entrega**. Un verdadero amor no es egoísta, sino dedicado a la persona amada. Cristo amó la Iglesia y se entregó por ella. Cristo no solamente hablo; Él demostró. Él no solamente hizo un discurso emocional y romántico, sino dio pruebas de Su amor al morir por la Iglesia. El amor va más allá de lo que es apenas romanticismo. El amor verdadero se traduce en acción. El amor que no se entrega es una caricatura grotesca del amor verdadero.

En tercer lugar, **santificar**. El amor busca el bien de la persona amada. El amor no vuelve la vida del otro una prisión, una antesala del infierno. El amor busca el bien de la persona amada, y no su ruina. Muchas personas dicen que aman, pero trasforman la vida de la persona amada en una tragedia. Ese amor sofocante, enfermizo, posesivo y celoso es una distorsión repugnante del verdadero amor.

En cuarto lugar, **purificar**. El amor busca la perfección de la persona amada. Una esposa amada es protegida y santificada por el amor del marido. La falta de amor expone el cónyuge a peligros. Cuando un cónyuge es mal amado en casa, él se vuelve vulnerable. Muchas caídas dolorosas suceden por necesidad de cariño. Muchos cónyuges caen en el látigo del adulterio porque no reciben en casa la atención y el amor del cónyuge.

En quinto lugar, **presentar**. El matrimonio judío tenía cuatro etapas. La primera etapa era el compromiso del noviazgo. Ese compromiso era hecho ante testigos, donde se firmaba un pacto. Un compromiso solamente podría ser interrumpido por el divorcio. José era prometido de María, o sea, estaba comprometido con ella y no podría dejarla sino por medio de divorcio. La segunda etapa era la preparación, cuando el novio pagaba el dote por la novia, y la novia se preparaba para el matrimonio. La tercera etapa era la procesión del novio con sus invitados, acompañados de música, hasta la casa de la novia. Y finalmente, la fiesta de las nupcias, cuando el novio llevaba la novia para la casa.

Todas esas etapas nos dicen de la sublime relación de Cristo con su Iglesia. Cristo nos amó desde toda la eternidad. Él pagó un precio alto por su novia, dando su propia vida por ella. Ahora, la novia está preparándose para la llegada del novio. En breve el novio vendrá al sonido de la trompeta, entre nubes, acompañado por un séquito celestial, a buscar su novia. Entonces, con un cuerpo glorificado estaremos para siempre con Él, en la casa del Padre, en una fiesta que jamás tendrá fin.

## El marido debe cuidar de la vida espiritual de la esposa (Ef 5:25b-27)

El marido es el responsable por la vida espiritual de la esposa y de los hijos. Como sacerdote del hogar, el marido tiene que buscar la santificación de la esposa. El marido debe ser la persona que ejerce la influencia espiritual más grande sobre la esposa. Él debe ser una bendición en la vida de ella y liderarla espiritualmente.

El marido debe ser un hombre de Dios. Su objetivo es ser un hombre lleno del Espíritu Santo que tenga un lenguaje bendecidor y actitudes edificadoras. El marido tiene que ser intercesor, un estimulador, un consolador y aliviador de tensiones. Nada hiere más una mujer que las palabras rudas y actitudes groseras. Nada destruye más la vida interior de una esposa que tener un marido amargo, crítico y truculento en las palabras y actitudes.

El marido tiene que ser un hombre de oración. Él debe ser un modelo de piedad. Su vida de hablar más fuerte que sus palabras. Él debe inspirar su esposa a andar con Dios por la belleza de su testimonio. El marido tiene que ser, además, un estudiante de la Palabra. Para ser el líder espiritual de su casa, él tiene que tener conocimiento de las Escrituras. Es imposible ser un líder sin conocer la verdad, amar la verdad, vivir la verdad y proclamar la verdad. No podemos dar lo que no tenemos. No podemos enseñar con autoridad lo que no vivimos.

Por esa razón, el matrimonio mixto crea una dificultad para que ese principio sea cumplido. ¿Cómo un marido inconverso puede liderar espiritualmente su casa? ¿Cómo puede santificar la vida de la esposa, si él aún no conoce a Dios? ¿Cómo puede ser una bendición en la vida de la esposa, si él mismo está en tinieblas? La Biblia es clara en afirmar que no hay comunión entre las tinieblas y la luz.

## El marido debe cuidar de la vida emocional de la esposa (Ef 5:28,29)

El marido hiere a si mismo hiriendo la esposa. Crisóstomo dijo que, así como el ojo no traiciona el pie colocándolo en la boca de la serpiente, de la misma manera, un marido no traicionaría la esposa, pues, al hacerlo, estaría hiriendo a sí mismo. El marido debe tratar la esposa con sensibilidad, como vaso más frágil. Él debe convivir de manera comprensiva en el hogar para que sus oraciones no tengan estorbo (1 P 3:7). La manera que él trata la esposa se refleja directamente en su relación con Dios. Ningún hombre puede tener intimidad con Dios y al mismo tiempo maltratar la esposa. Ningún marido puede tener una relación estrecha con Dios y al mismo tiempo tener una relación de conflicto con la esposa. La vida conyugal armoniosa es el fundamento para una vida espiritual abundante.

¿Cómo debe cuidar el marido a su esposa? ¿Cómo debe tratar el marido a su esposa?

En primer lugar, **él no debe abusar de ella**. Un hombre puede abusar de su cuerpo, comiendo o bebiendo en exceso. Un hombre que hace eso es necio, porque al maltratar su cuerpo, él mismo sufrirá. El marido que maltrata la esposa está fuera de sí. Él maltrata a sí mismo al herir la esposa. Un marido abusa de la esposa cuando es rudo con ella, no le da el tiempo que ella merece, la priva de la atención que ella necesita, le retiene el cariño que ella merece, o usa palabras indelicadas y gestos groseros para humillarla. El marido abusa de la esposa cuando deja de devotarle la plenitud de su amor y corre atrás de la extraña, siendo infiel a la mujer de su pacto.

En segundo lugar, **él no debe descuidarla**. Un hombre puede descuidar su cuerpo. Y sí lo hace es necio y sufrirá por eso. Si usted está con la garganta inflamada, no puede cantar ni hablar. Todo su trabajo es perjudicado. Usted tiene ideas, palabras, pero no puede trasmitirla. El marido descuida a la esposa con reuniones interminables, la televisión, la internet, círculo de amigos. Hay viudas de maridos vivos. Maridos que quieren vivir la vida de soltero. El hogar es solamente un albergue. Es necesario entender que quien se casa tiene que asumir la vida de casado. El matrimonio no es una prisión, pero tampoco es una sábana sin límites. El matrimonio es un pacto donde ambos cónyuges asumen compromisos y responsabilidades de fidelidad. Ambos tienen que decirle uno al otro: "Yo soy de mi amado y mi amado es mío".

En tercer lugar, **el marido debe cuidar por la esposa.** El marido alimenta la esposa y la cuida. ¿Cómo el hombre sostiene el cuerpo? El pastor británico Martyn Lloyd-Jones nos ayuda a entender ese punto, hablando cuatro cosas:

*La dieta.* Un hombre debe pensar en su dieta, en su comida. Debe ingerir alimentos suficientes, y con regularidad. El marido también debería pensar en qué ayudará a su esposa. El cuidado debe ser constante, y no solamente en los tiempos de oro de la juventud. El cuidado debe ser fruto del amor, y no del interés. De la misma manera como Dios nos cuida cuando nos volvemos débiles y enfermizos, el marido también debe cuidar a la esposa. El doctor John Mackay, después de la fiesta de nupcias, pasó la luna de miel con su joven esposa en Europa. En ese viaje, ella sufrió un grave accidente y nunca más pudo andar; quedó confinada a una cama y no pudo desempeñar plenamente su papel de esposa. John Mackay cuidó de su mujer hasta el fin con gran desvelo. Jamás la abandonó hasta el día que el Señor la llamó para vivir con Él.

*Placer* y *deleite.* Cuando ingerimos nuestros alimentos, no solamente pensamos en términos de calorías o proteínas. No somos puramente científicos. También pensamos en aquello que nos da placer. El marido debe tratar a la esposa de esa manera. Él debe pensar en lo que le agrada. El marido debe ser creativo en el sentido de siempre alegrar y agradar la esposa. La felicidad conyugal es construida por las pequeñas cosas. Son palabras, gestos, actitudes y atención que crean las bases de una relación robusta y feliz. Ninguna pareja es feliz automáticamente. La felicidad conyugal es resultado de un trabajo delicado y perseverante.

*Ejercicio.* La analogía del cuerpo exige este punto también. El ejercicio es fundamental para el cuerpo. El ejercicio es igualmente esencial para el matrimonio. Es la quiebra de la rutina desgastante por medio del diálogo. La comunicación es el oxígeno del matrimonio. Palabras y gestos tienen que construir puentes para una relación armoniosa y feliz, y no abrir abismos para separar. El apóstol Pablo nos enseña que el deber de la esposa es respetar, y el deber del marido es merecer el respeto (Ef 5:33).

*Caricias.* La palabra "cuidar" solamente aparece en Efesios 5:29 y en 1 Tesalonicenses 2:7. La palabra griega significa "acariciar" y el marido tiene que ser sensible a las necesidades emocionales y sexuales de la esposa. El 98% de las mujeres reclaman de la falta de cariño. El marido tiene que aprender a ser romántico, caballero, gentil, lleno de ternura. Un marido sabio invierte en el matrimonio. Mientras más él siembra en esa huerta, más cosecha los frutos de esa inversión.

### El marido debe cuidar de la vida física de la esposa (Ef 5:30)

El marido deja todas las demás relaciones para concentrarse en su esposa, o sea, debe amar la esposa con un amor que trasciende todas las demás relaciones humanas. Él deja padre y madre para unirse a su mujer, volviéndose una sola carne con ella (Gn 2:24). Su atención se vuelve hacia su mujer con el propósito de agradarla. Cuando la Biblia dice que los dos se vuelven una sola carne, está apoyando la legitimidad y la santidad del sexo en el matrimonio. El sexo es bueno y una bendición divina en la vida de la pareja. Debe ser disfrutado plenamente, pero en santidad y pureza (1 Co 7:3-5; Pr 5:15-19).

En una época como la nuestra, marcada por la quiebra de la virtud, el debilitamiento de la familia y la explosión de las tasas de divorcio, el concepto bíblico del matrimonio debe ser difundido con más constancia.

# 4

# Manteniendo la alegría en el matrimonio

Dios creo el matrimonio y estableció los principios para su felicidad. Si queremos construir un matrimonio feliz, tenemos que volvernos para la antigua y eterna Palabra de Dios, y no para los terapeutas contemporáneos. El texto de Juan 2:1-11 nos ofrece algunas ideas importantes que sirven de mapa para un matrimonio feliz.

El andar conyugal no es un camino recto en dirección a la felicidad, sino un camino lleno de curvas y precipicios. El matrimonio no es una fortaleza inexpugnable que está libre de los ataques que vienen de dentro ni un tesoro guardado en una burbuja de vidrio blindado contra toda suerte de ataques y presiones internas. El caminar conyugal es una aventura diaria a la que no le puede faltar inversión y renuncia. Sin el cemento del amor, sin la dulzura de la comunicación y sin la constancia de la comunión con Dios, el matrimonio no consigue soportar los enemigos que vienen de afuera ni las presiones internas que aparecen. Pero si la pareja presta atención a los principios de Dios, de acuerdo lo establecen las Escrituras, puede hacer un viaje seguro por las carreteras curvas de la vida y llegar sano y salvo al destino final, teniendo la seguridad que la mano del Eterno lo guió y protegió a lo largo de la jornada.

Veamos el texto de Juan 2:1-11 y consideremos sus preciosas lecciones.

### Invite Jesús a su matrimonio

Jesús fue invitado para aquella fiesta de bodas. Su presencia allí fue solicitada y deseada. Jesús atendió a la invitación y participó de aquella fiesta bañada de inmensa alegría. De igual manera, Jesús participa con nosotros de nuestras celebraciones. Él se identifica con nosotros cuando nuestra alma transborda de alegría.

La necesidad más grande de la familia no es más dinero, sino la presencia de Jesús. La necesidad más grande de una pareja no es vivir en una casa más bonita, tener un carro nuevo o aún un empleo más seguro, sino invitar a Jesús para estar presente en su casa. Ninguna cosa o persona puede remplazar la presencia de Jesús en la familia. El dinero puede comprar casas, pero no un hogar; puede comprar bienes, pero no amor; puede comprar remedios, pero no salud; puede comprar rituales sagrados, pero no la vida eterna. Las cosas más importantes de la vida no pueden ser adquiridas con dinero. La felicidad no es tanto donde se llega, sino como se camina.

El hogar feliz es aquel que es construido sobre la roca inquebrantable. *Sí Jehová no edifica la casa, en vano trabajan los que la edifican* (Sal 127:1). El matrimonio debe ser un cordón de tres dobleces. Sin la presencia de Jesús en el matrimonio, los cónyuges se vuelven vulnerables. Cosas no llenan el vacío del corazón. Amigos no remplazan la presencia de Jesús. Solamente cuando Él está presente en el hogar, la familia puede ser estructurada y cumplir su propósito.

## Aun cuando Jesús está presente, los problemas suceden

Jesús estaba en la fiesta de bodas en Caná de Galilea, pero faltó vino. El vino era el símbolo de la alegría, y la alegría acabó estando Jesús presente. El hecho de volvernos cristianos no nos libra de problemas. Una familia cristiana está sujeta a los mismos dramas y dificultades que cualquier familia. La diferencia entre los que conocen a Dios y los que no lo conocen no son las circunstancias, sino como ellos reaccionan a esas circunstancias. Jesús dijo en la conclusión del Sermón de la Montaña (Mt 7:24-27) que ambas casas – la construida sobre la roca y la construida sobre la arena – tuvieron los mismos acontecimientos: cayó la misma lluvia en el tejado, soplo el mismo viento en la pared y el mismo torrente golpeó los cimientos. Una se cayó; la otra permaneció de pie.

La vida cristiana no es una sala *vip* ni un centro vacacional. La vida cristiana no es un invernadero o una redoma de vidrio. No somos exentos de los problemas. Ellos no vienen para destruirnos, sino para volvernos maduros. Aprendemos las más importantes lecciones de la vida no en las fiestas, sino en las luchas; no en el arrebato emocional de las montañas, sino en el llanto de los valles. Las crisis son inevitables en el matrimonio. No hay matrimonio sin dolor. Quien quiera casarse, sufrirá angustias en la carne (1 Co 7:28). El matrimonio es hecho de tensiones, y no de amenidades. Él es para gente guerrera, combativa, determinada. Aquellos que tienen miedo de vivir y enfrentar luchas no son aptos para el matrimonio. Existen determinadas tensiones que solamente las personas casadas enfrentan. Pero como vivir es luchar, entonces, ¡vale la pena casarse! Vale la pena hacer el sacrificio más grande de todos para lanzar los cimientos de la más grande de las inversiones con la finalidad de cosechar los mayores triunfos.

Toda pareja enfrenta problemas. No hay matrimonio perfecto ni cónyuge perfecto. Todo matrimonio tiene que tratar con el sufrimiento, las frustraciones y el agotamiento de cosas importantes. Todo matrimonio tiene que tratar con pérdidas. En el caso en estudio, el vino faltó en la fiesta de bodas. Algunas veces, la alegría se va del matrimonio en los primeros días, en la luna de miel. Una vez, una joven entró llorando a mi oficina. Estaba con la palma de la mano rota y suturada. Vi en sus ojos el dolor de la falta de esperanza. Estaba casada hacia un mes, pero ya era víctima de la violencia del marido. El romanticismo de la luna de miel fue remplazado por la agresión deshumana. El vino se había acabado al inicio de su matrimonio. Muchas parejas pierden la alegría de la relación sexual. El corazón se seca, el alma se marchita, el amor romántico se evapora. Un desierto se instala en el pecho. La alegría se acaba, dando lugar a un profundo dolor, una amarga frustración. Si el vino de la alegría se acabó en el matrimonio, no se desespera; aún hay esperanza. Continúe leyendo y vea lo que sucedió en esa fiesta de bodas.

## Es necesario diagnosticar el problema rápido

La falta de vino fue detectada rápidamente por María, madre de Jesús. Es digno de notar que no fue el papá de la novia ni aun el novio o los sirvientes que detectaron el problema, sino una mujer. Las mujeres tienen una percepción mayor cuando se trata de identificar la falta de alegría dentro de la casa. Ellas ven lo que los hombres no se dan cuenta. Ellas tienen un sexto sentido que debe ser puesto al servicio de la restauración de la familia.

Yo trabajo como consejero matrimonial hace más de veinte años. Sé que las mujeres son más atentas a los problemas del matrimonio que los hombres. Ellas son las que más diagnostican los problemas y más buscan ayuda. Ellas son las que toman las primeras medidas con la finalidad de restaurar la alegría en el hogar.

Otra constatación es que el secreto para el éxito de la restauración de la alegría es identificar los problemas a tiempo. Lo que más conspira contra el matrimonio no son los grandes problemas, sino los problemas pequeños no identificados y tratados. Ellos se vuelven montañas que no pueden ser sobrepasadas, verdaderas bolas de nieve. Un dicho chino dice que lo que impide nuestro caminar no son las piedras grandes – estas, las vemos de lejos y, de esa manera podemos desviarnos de ellas. Son las piedras pequeñas, disfrazadas en nuestro camino, que nos hieren los pies y nos hacen tropezar.

Los problemas grandes fueron, en un momento, un problema pequeño y administrable. Aquellos hilos débiles que fácilmente se rompen se transforman en cables de acero. Aquella chispa que sería apagada con un soplido se vuelve un incendio difícil de contener. No deje que los problemas se agraven. No haga como el avestruz, colocando la cabeza en la arena, ignorando los problemas. No posponga la solución de los pequeños problemas. No espere que el otro de el puntapié para resolver el problema. Empiece usted mismo. Muévase. Entre en acción y resuelva el problema antes que sea demasiado tarde. No subestime el poder de las pequeñas cosas. No deje el diálogo morir. No permita que el romanticismo se acabe. En su casa, ¡no puede faltar el vino de la alegría!

### Es necesario llevar el problema a la persona correcta

María, cuando se dio cuenta de la falta de vino en la fiesta, le comunico el hecho a Jesús. Ella no buscó el papá de la novia, el novio ni aun los criados. Ella fue a aquel que tenía el poder para resolver el problema. Debemos llevar nuestros problemas a Jesús. Debemos dejar nuestras ansiedades a sus pies. Antes de esparcir nuestras frustraciones, proclamando nuestro miedo o buscando un culpable para el problema, debemos presentar nuestra causa al Señor Jesús.

María no buscó resolver el problema lejos de Jesús. María no criticó el anfitrión por no hacer provisión suficiente para los invitados. María no esparció la información para los demás invitados, para poner a la familia en una situación vergonzosa. Ella llevó el asunto discretamente a Jesús y espero su intervención.

Cuando el vino del matrimonio se acaba, cuando la alegría se va aun en la fiesta de nupcias, urgentemente tenemos que llevar esa causa a Jesús. Muchos fracasan porque intentan encontrar un culpado para el problema y empiezan a tejer críticas y esparcir chismes. Otros se decepcionan porque al divulgar el problema, en vez de encontrar auxilio o estimulo, solamente encuentran más combustible para inflamar la situación. Jesús está presente en la familia como amigo, como la respuesta para nuestras tristezas, como proveedor de nuestras necesidades.

### Es necesario esperar el tiempo cierto para Jesús actuar

Jesús le dijo a María: *¿Qué tienes conmigo mujer?* (Jn 2:4). Jesús tiene el momento correcto de actuar. Él actúa no de acuerdo a la presión de nuestra agenda, sino según la soberanía de su propósito. No podemos poner a Jesús contra la pared. No somos dueños de su agenda. Él es libre y soberano y hace todas las cosas de acuerdo al consejo de su voluntad.

El tiempo de Dios no es el nuestro. A veces, sentimos que Jesús está lejos, distante, silencioso y hasta indiferente con nuestra causa. Pero, en ese tiempo, Él está trabajando en el turno de la noche, alistando algo más grande y mejor para nosotros. No hay Dios como el nuestro, que trabaja para los que en él confían. Marta le dijo a Jesús que su llegada a Betania había sido muy tarde, al decir: *Señor, si hubieses estado aquí, mi hermano no habría muerto* (Jn 11:21). Marta conjugó el verbo en el pasado, pero Jesús le dijo: *Tú hermano resucitará* (Jn 11:23). Marta rápidamente afirmó su fe: *Yo sé que resucitará en la resurrección, en el día postrero* (Jn 11:24). Marta conjugó este verbo en el futuro, pero Jesús no le dijo: "Yo fui [...]"; o "Yo seré [...]", sino *Yo soy la resurrección y la vida; el que cree en mí, aunque esté muerto, vivirá* (Jn 11:25). Cuando Jesús mandó quitar la piedra de la tumba de Lázaro, Marta una vez más intervino: *Señor, hiede ya* (Jn 11:29). Pero Jesús le dijo: *¿No te he dicho que si crees, verás la gloria de Dios?* (Jn 11:40).

Muchas personas me dicen que están divorciándose porque el amor murió, porque la fuente se secó y no tiene más sentido continuar. Entonces, siempre afirmo: el amor nace, crece, madura y muere, pero también resucita. Dios llama a la existencia las cosas que no existen. Él hizo que la vara de Aarón floreciera. Para Él, no hay imposibles. No hay causa perdida para Dios. Una pareja que estaba separándose me buscó para consejería. Yo le dije a los dos que no les daría ni una palabra antes que volvieran para la casa y orasen juntos una semana. Ellos aceptaron el desafío. La semana siguiente, volvieron a mi oficina y dijeron: "Pastor, vinimos a informarle que no nos separaremos. Dios volvió a calentar nuestro corazón y a rociarnos con el rocío del amor".

Nunca pierda la esperanza. Cuando lleguemos al final de nuestros recursos, es cuando somos candidatos fuertes para un milagro. El límite del hombre puede ser la oportunidad de Dios. Cuando nuestra fuente se seca, los manantiales de Dios continúan emanando. El tiempo de Dios no es el nuestro. ¡Es importante que continuemos!

## Es necesario obedecer a la orden de la persona correcta

Jesús llamó a los sirvientes y los instruyó que llenaran las vasijas de purificación con agua. Ellos podrían haber indagado, diciendo que el problema era la falta de vino, y no de agua. Ellos podrían negarse a llevar aquellas vasijas pesadas de agua al encargado. Sin embargo, ellos no dudaron, no preguntaron nada ni postergaron. Ellos rápidamente obedecieron y atendieron a la orden de Jesús.

El secreto de la victoria en la vida familiar es obedecer a las órdenes de Jesús. Aparentemente, ellas pueden parecer sin sentido. Ellas pueden conspirar contra nuestra lógica. Ellas pueden desafiar nuestra razón. Pero aquel que hizo el agua y tiene poder para transformarla en vino dio una orden, y ésta debería ser obedecida sin demora. Muchas personas sufren porque dudan. Otras sufren porque quieren ser guiadas por la luz de la razón, y no por la chispa de la fe. La obediencia a Jesús es el camino de la bienaventuranza. La pareja que confía en la Palabra de Dios se da cuenta que el milagro está en el acto de creer y no en dudar. Debemos obedecer lo que Jesús ordena, aun cuando su palabra nos parezca sin sentido. Debemos obedecer a Jesús, aun cuando nuestros sentimientos nos pidan que hagamos lo contrario. Debemos obedecer a Jesús, aunque nuestra lógica grite a nuestros oídos para que sigamos en el camino opuesto.

### Es necesario creer en el milagro que Jesús realizará

Los sirvientes no cuestionaron, no dudaron ni postergaron la orden de Jesús. Ellos simplemente obedecieron de inmediato, rápidamente, y llevaron las seis vasijas llenas de agua al encargado. Pero, cuando este colocó su jarra dentro de las vasijas, no había agua, sino vino, ¡y vino de la mejor calidad!

Hasta ese momento, Jesús no había hecho ningún milagro. Ellos no tenían ningún hecho histórico para fortalecerles la fe. A pesar de las circunstancias desfavorables, ellos creyeron. Cuando obedecemos a las órdenes de Jesús sin dudar, podemos de igual manera probar un cambio total en nuestra vida y en nuestra relación conyugal.

Solamente Jesús tiene poder para hacer milagros. Nuestro papel es creer y obedecer. Si llevamos nuestras causas a Él y confiamos en Él, podremos tomar vino nuevo. Podremos probar el milagro de la alegría. De la misma manera como Jesús modificó la composición química del agua para la composición química del vino, Él puede transformar lágrimas en alegría, soledad en solidaridad, ausencia de diálogo en comunicación abundante, amargura en profundo amor, sequedad en jardines adornados de flores.

### El vino de Jesús tiene calidad superior

Cuando el encargado probó el vino, quedo sorprendido y llamó al novio, diciéndole que había roto el protocolo. La costumbre de la época era servir primero el buen vino y después el vino inferior. Sin embargo, el novio había reservado el mejor vino para el final de la fiesta. Al hacer su milagro, el vino que Jesús había creado tenía propiedades más excelentes. Lo mismo puede suceder en el matrimonio. Cuando el vino de la alegría se acaba, y la pareja busca la ayuda de Jesús y le obedece, notará que el vino de la restauración es más sabroso que aquel probado anteriormente. Con Jesús, lo mejor siempre viene después. Con Jesús, la vida conyugal no es una bajada despeñadera abajo, sino una escalada para aventuras más excelentes.

Se equivocan los que piensan que los mejores días de la vida conyugal son los vividos en los días primaverales de la vida. Cuando la pareja prueba la intervención de Jesús, saborea el mejor vino en la fase otoñal de la vida. Con Jesús, la vida siempre es una aventura en la búsqueda por lo mejor, de lo más excelente.

El texto bíblico de Juan 2 termina diciendo que allí Jesús hizo su primer milagro, sus discípulos creyeron en Él y su gloria fue manifestada. El hogar en el que Jesús interviene es palco de los milagros de Dios. El hogar en el que Jesús transforma agua en vino es agencia de evangelización en la Tierra. El hogar en el que Jesús opera sus milagros es palco en el que la gloria de Dios resplandece.

# 5

# Los ingredientes de un matrimonio feliz

El libro de Cantar de los Cantares es el mayor poema sobre el amor conyugal de toda la literatura universal. Su enseñanza es inspirada, su contenido es incomparable, sus lecciones son sublimes.

Andar por los jardines de ese libro es ver los canteros fértiles del amor adornados de flores es oír la poesía majestuosa que resuena de toda la creación, aplaudiendo la felicidad de aquellos que viven la dulce experiencia del amor conyugal. Es oír declaraciones de amor profundas, románticas y llenas de ternura. Es recibir un mapa que nos conduce por los caminos de la felicidad conyugal.

El amor en Cantares tiene paladar mejor que el vino. El amor en Cantares tiene consistencia granítica más fuerte que la muerte. El amor en Cantares es guerrero y jamás pierde la vitalidad. No puede ser ahogado por las muchas aguas.

El amor en Cantares es abundante, sin dejar de ser santo. Él es pleno, sin dejar de ser fiel. Él disfruta de las delicias creadas por Dios, sin dejar de ser puro. La felicidad conyugal está directamente unida a la santidad de la relación.

Es un error pensar que una relación santa es pobre e insípida como lo dicen los proclamadores de la decadencia de los valores. Es una tontería creer que el verdadero placer conyugal solamente es conocido en las travesuras de la vida bohemia. Al contrario, Dios nos creó y nos destinó para el placer más grande de todos: conocerlo y glorificarlo. Es en la presencia de Dios que tenemos plenitud de gozo; es en su diestra que disfrutaremos delicias perpetuamente.

Mientras más cerca de Dios la pareja está, más sintonía con el cónyuge y más felicidad conyugal ella disfruta. Cuando nos alejamos de Dios, también nos alejamos del cónyuge y de nosotros mismos. Dios es el punto de equilibrio en el que nuestra vida encuentra su verdadero sentido y su mayor placer. Existen estudios que comprueban que las parejas de creyentes cristianas, que disfrutan de una vida llena del Espíritu, son los que tienen la relación conyugal más armoniosa y la relación sexual más abundante.

En Cantares 4:7-15, Salomón ofrece algunos principios que pueden promover la verdadera felicidad en la vida conyugal. ¿Qué principios son esos?

### El elogio

*Toda tú eres hermosa, amiga mía, y en ti no hay mancha* (Cant 4:7).

Tanto el hombre como la mujer tienen la necesidad de elogios. Tenemos necesidades afectivas que necesitan ser suplidas saludablemente en el contexto del matrimonio. De la misma manera como nuestro cuerpo necesita de alimento, nuestra alma necesita de valorización.

Cuando el marido elogia la esposa, diciéndole que ella es toda hermosa, y que en ella no hay mancha, surge naturalmente una pregunta: ¿será que él está siendo sincero? ¿será que él está siendo real y honesto en su evaluación? ¿existe alguien sin mancha? Algunos críticos preguntan: ¿será que ese hombre vivía en la luna? ¿será que, de hecho, esa mujer, existió? ¿será que él estaba siendo honesto con ella? Si no hay personas sin mancha, ¿por qué él dijo que ella era toda hermosa? El punto aquí es que el amor no se concentra en las fallas de la persona amada, sino en sus virtudes. El amor cubre multitud de pecados.

Muchos cónyuges destruyen el matrimonio porque piensan que su posición en la relación conyugal es ejercer el papel de un detective. El detective es aquel que intenta descubrir las fallas del otro. Él anda con la lupa en la mano buscando el menor rastro para incriminar la esposa. Su función es encontrar su víctima en un paso en falso. Él actúa constantemente, de incógnito, para pescar alguna escena íntima y comprometedora y revelar eso públicamente. Nuestro papel en el matrimonio no es *detectar* las fallas de nuestro cónyuge y lanzarlas en su cara, sino *destacar* sus virtudes y volverlas públicas.

Ya mencionamos que atrapamos más moscas con una gota de miel que con un barril de hiel. Mientras el elogio crea puentes de contacto, la crítica abre abismos de separación. Mientras el elogio riega la relación con el aceite de la alegría, la crítica trastorna y atormenta la relación conyugal.

La función del cónyuge tampoco es la de ejercer el papel de un arqueólogo. Este vive removiendo los escombros del pasado, limpiando el polvo, removiendo piedras sedimentadas, cavando abismos y buscando fósiles antiguos para descubrir algo que le pueda traer cualquier nueva revelación del presente. Nuestra función en el matrimonio no es la de estar rastreando el pasado del cónyuge, abriendo cajones cerrados de sus archivos, rebuscando cosas que ya fueron enterradas. Debemos dejar el pasado en el pasado y vivir el hoy con alegría. Al voltear con valor la página, levantamos monumentos a la vida del presente, en vez de recordatorios a los abismos de la muerte.

El elogio revitaliza el alma, unge la cabeza con aceite de la alegría, tonifica los sueños y nos hace andar con más optimismo. El elogio es terapéutico porque cura las heridas, cierra las brechas y da más sabor a la vida. Ser generosos en los elogios y cautelosos en las críticas es como la miel que emana de nuestra lengua, dulzura de nuestros labios. Un cónyuge elogiado de manera sincera gana autoconfianza y es protegido de las seducciones. El cónyuge que recibe la apreciación positiva de su consorte tiene más resistencia para enfrentar las tentaciones. Por eso la Biblia dice que el amor del marido santifica la esposa.

Hay un aspecto muy importante con relación a esta dimensión del matrimonio. Si es cierto que somos elogiados, ¡la cuestión es si existe alguien elogiándonos más que nuestro cónyuge! Siempre podrá haber alguien quien verá nuestras virtudes y las destacará. Es muy peligroso cuando un marido, o una esposa, pasa a ser elogiado con más frecuencia por otra persona, en vez del cónyuge. Si nosotros no notamos las virtudes de nuestro cónyuge, otras personas las reconocerán, y los daños de ese peligro pueden llegar a ser irreparables.

## El romanticismo

*Prendiste mi corazón, hermana, esposa mía; Has apresado mi corazón con uno de tus ojos, Con una gargantilla de tu cuello* (Cant 4:9).

El romanticismo da liviandad a la relación conyugal. Él vuelve la relación deliciosa de ser vivida, aun ante las intemperies de la vida. El romanticismo no es algo natural. Debe ser cultivado, nutrido y regado todos los días con palabras, gestos y actitudes nobles.

Muchas parejas empiezan la relación conyugal en el altar llenos de sueños. Sin embargo, pasan la vida llorando y terminan el caminar heridos, amargados y llenos de traumas. Muchas parejas que hicieron votos de amor cuando se unieron en matrimonio pasan la vida hiriéndose con palabras rudas y actitudes agresivas. Esa relación suele terminar en el tribunal, maltratada por un divorcio que deja heridas abiertas en los cónyuges y, sobre todo, en los hijos.

El romanticismo no puede morir en el altar. Aquella misma alegría y aquel mismo entusiasmo que marcaron el noviazgo y el compromiso deben permanecer en el matrimonio. Pero eso no es algo automático; tiene que ser cultivado. La felicidad en el matrimonio no es algo que ocurre automáticamente. La felicidad se construye con mucho trabajo y esfuerzo. Para lograr eso, el romanticismo no puede estar ausente.

El marido en Cantares emplea un lenguaje efusivo de entusiasmo sentimental. Él habla de un corazón arrebatado por la mirada de su amada y por la belleza de la gargantilla en su cuello. La belleza de su amada es tanto interna como externa. Ella viene de sus atractivos y de su mirar. Es importante destacar que el marido no solamente vio y guardó para si esos hechos magníficos, sino los proclamó con entusiasmo para su esposa. Existen muchos maridos que dicen lo que están sintiendo a la esposa, pero no consiguen elogiarla en público. Aquel hombre del texto bíblico no solamente sintió, también habló. Él no sólo vio, también proclamó.

Quiso el Creador que el hombre fuera despertado por lo que ve, y la mujer por lo que oye. Al hombre le gusta mirar, y a la mujer le gusta ser mirada. Por esa razón, el hombre tiene que ser más cuidadoso con sus palabras, y la mujer más cuidadosa con su apariencia. Nada hiere más a una mujer que las palabras rudas. El hombre que no comprende la expectativa de la mujer con respecto al romanticismo puede destruir su matrimonio. El sexo para la mujer no es apenas el acto. Para ella, el sexo tiene que ver más con romanticismo que con desempeño. Como dijo Marabel Morgan, en su libro *MUJER TOTAL*, el sexo empieza en el desayuno. Un hombre jamás tendrá su esposa entusiasmada con el sexo si no la trató con ternura durante todo el día. El romanticismo no es apenas la cereza encima de la torta o la cubierta especial de una relación, sino su ingrediente más importante. Sin romanticismo, el matrimonio cae en la monotonía, en la rutina, en el enfriamiento. Un matrimonio insípido es extremamente vulnerable al desgaste interno y a la seducción externa.

En general, la relación extraconyugal es un producto de una necesidad afectiva. Un cónyuge que siente falta de afectividad es presa fácil de la seducción. Quien no encuentra pasto verde en su lecho conyugal, tendrá la tendencia de saltar la cerca en busca de novedades. También es digno de notar que la figura del amante, o de la amante, siempre es de una persona amable, disponible y romántica. Es con ese señuelo que normalmente personas necesitadas de afectividad son agarradas por el anzuelo de la seducción que lleva a la muerte. Vea lo que dice el libro de Proverbios:

*Porque los labios de la mujer extraña destilan miel, Y su paladar es más blando que el aceite; Mas su fin es amargo como el ajenjo, Agudo como espada de dos filos. Sus pies descienden a la muerte; Sus pasos conducen al Seol* (Pr 5:3-5).

He ministrado por medio de charlas para parejas en varias regiones de nuestra patria y en otros países. Cuando hago un levantamiento sobre los principales problemas presente en las parejas, descubro en casi todas mis investigaciones que más de 90% de las mujeres reclaman la falta de cariño y romanticismo en el matrimonio. Los hombres están quedándose secos. Han olvidado tratar la esposa con afecto y romanticismo. Por otro lado, los hombres reclaman que las mujeres no buscan la relación sexual y, cuando buscadas, por costumbre tienen disculpas absurdas. Los dos terminan con hambre ante un banquete: el hombre no da cariño, y la mujer no se interesa por el sexo; la mujer no se interesa por el sexo, y el hombre no le da cariño. Ambos quedan en un juego de ping-pong sin fin, y se pierden las delicias de la vida conyugal. Vea los consejos sabios de la Palabra de Dios:

*Bebe el agua de tu misma cisterna, Y los raudales de tu propio pozo. ¿Se derramarán tus fuentes por las calles, Y tus corrientes de aguas por las plazas? Sean para ti solo, Y no para los extraños contigo. Sea bendito tu manantial, Y alégrate con la mujer de tu juventud, Como cierva amada y graciosa gacela. Sus caricias te satisfagan en todo tiempo, Y en su amor recréate siempre. ¿Y por* qué, hijo mío, andarás ciego con la mujer ajena, Y abrazarás el seno de la extraña? (Pr 5:15-20).

## La comunicación

*Como panal de miel destilan tus labios, oh esposa; Miel y leche hay debajo de tu lengua* [...] (Cant 4:11).

El secreto de un matrimonio feliz es una comunicación saludable. La lengua puede traer palabras dulces o amargas. Ella puede ser vehículo de estímulo, o canal de muerte donde prevalece el silencio helado, el matrimonio agoniza. Donde prospera la crítica impiedosa, el romanticismo acaba. Donde abundan las acusaciones ocultas, la relación conyugal enferma. Sin comunicación armoniosa, la vida conyugal se vuelve una prisión, y no un campo de libertad. La vida y la muerte están en el poder de la lengua.

El divorcio es el entierro de las víctimas de la falta del diálogo. El matrimonio se acaba, pero el diálogo murió antes. La comunicación no es algo secundario en la vida conyugal, sino su esencia. Marido y mujer tienen que ser amigos, confidentes, aliviadores de tensiones, bálsamo de Dios uno para el otro. Marido y mujer tienen que ser generosos en las palabras, comedidos en las críticas, generosos en los elogios y abundantes en la forma de expresar amor.

Pocas parejas conversan profundamente sobre sus sentimientos, sus sueños, sus propósitos. Pocas parejas disfrutan de intimidad suficiente para abrir el corazón uno para el otro. Pocas parejas cultivan amistad genuina uno por el otro. Solo hablan entre si asuntos triviales o que generan aún más tensión. Igual que el romance, la amistad no es una relación automática; tiene que ser cultivada. Ni aun el hecho de ambos dormir en la misma cama y tener intimidad sexual hace de una pareja personas amigas. No tenemos diálogo con extraños. No tenemos diálogo con quien no conquistó ese derecho en nuestro corazón.

Nuestras palabras revelan nuestro corazón. Las palabras destapan la caja fuerte del alma. La boca habla de lo que el corazón está lleno. No podemos destilar miel de nuestros labios y tener en el corazón un remanente de amargura. El corazón y la boca están sintonizados por el mismo diapasón. Uno refleja al otro. En verdad, la lengua solamente es la mensajera del corazón. Ella sube en el palco solamente para presentar lo que está guardado en el corazón. Si queremos una comunicación terapéutica en el matrimonio, tenemos que tratar con el corazón, y no solamente con técnicas de comunicación.

Una lengua que destila miel alimenta y deleita. La miel da sustento y también placer. La miel satisface y agrada. Ella es alimento y, al mismo tiempo, trae dulzura. Tenemos que alimentar nuestra relación no solo con buenas palabras, sino también debemos ser el deleite y el placer de nuestro cónyuge con nuestras palabras generosas.

### La fidelidad

*Huerto cerrado eres, hermana mía, esposa mía; Fuente cerrada, fuente sellada* (Cant 4:12).

La fidelidad conyugal es un elemento no negociable para un matrimonio saludable. Sin el compromiso a la fidelidad, el matrimonio enferma y muere. A lo largo de los años, la infidelidad conyugal ha sido la razón principal que lleva una pareja al divorcio. Donde se abren brechas para la infidelidad, el matrimonio naufraga.

Vivimos en una sociedad donde los valores absolutos están en colapso. Se hace apología al vicio, se levantan banderas a la promiscuidad. América Latina produce gran cantidad de novelas en el mundo, y esas novelas son el elemento que más influye en las familias. Ningún otro factor social ha contribuido tanto para la decadencia de la familia. En la familia de la televisión, los cónyuges traicionan el uno al otro. En la familia de la televisión, el enredo es montado de tal manera que la platea queda haciendo barra para que la traición conyugal suceda. En la familia de la televisión, los hijos no respetan los padres. En la familia de la televisión, impera la mentira, la infidelidad y el engaño. Pero otra gran mentira es que los mentores de esa falsedad dicen que las novelas apenas están retratando una realidad. En verdad, los novelistas, están induciendo a una realidad, a una realidad trágica - la destrucción de la virtud, la quiebra de la moral, la decadencia de los valores, la desintegración de la familia.

Los índices altos de infidelidad conyugal constatados en la sociedad contemporánea son como un terremoto para la estabilidad conyugal. Se estima que 75% de los hombres y 63% de las mujeres ya fueron infieles a su cónyuge hasta la edad de los 40 años. Esos datos no son apenas alarmantes; son también un atentado a la institución divina del matrimonio.

La infidelidad conyugal es una de las maneras más perversas de agredir al cónyuge. Es la ruptura de un pacto. Es la ruptura de un voto hecho en la presencia de Dios y otros. Es la violación de la ley del amor. Es como apuñalar al cónyuge por la espalda. Es más que herir el cuerpo del cónyuge; es destruir sus emociones y aplastar su alma.

La traición en el matrimonio es algo tan malo que la Biblia la compara con la autodestrucción, con el suicidio familiar:

*Mas el que comete adulterio es falto de entendimiento; Corrompe su alma el que tal hace* (Pr 6:32). El adulterio de David con Betsabé nos revela el precio alto que David tuvo que pagar. Él perdió su comunión con Dios. Sus huesos se secaron, y su vigor se volvió secura como de desierto. La alegría de la salvación se fue de su vida, y él sentía sobre sí la pesada mano de Dios de día y de noche. Las noches se volvieron largas, mientras de su alma brotaban apenas gemidos indecibles. Como si no bastara el dolor interior, vio como los gentiles empezaron a blasfemar del nombre de Dios por causa de su locura. David se volvió una piedra de tropiezo. Por causa de su escándalo, mucha gente sufrió a su alrededor.

David llegó a ver el juicio de Dios visitar su casa, quitándole la vida al hijo de su adulterio. Como si eso no fuera suficiente, él vio su casa caer, su familia desintegrase, al punto que Amnón, su hijo mayor, violo a su propia hermana, Tamar. Después vio a su hijo Absalón matar a Amnón para vengar el abuso que había sufrido su hermana Tamar. David aun vio a su propio hijo Absalón conspirar para matarlo y arrebatarle el trono. David tuvo el disgusto de tener una batalla contra su propio hijo y ver, en esa campaña, a su hijo ser traspasado por la espada de su general. El placer del pecado no vale la pena el sufrimiento que produce. El pecado es dulce al paladar, pero amargo en el estómago. El pecado es un fraude que promete alegría, pero trae disgusto; anuncia vida, pero paga con la muerte.

Los matrimonios más felices son los que se mantienen protegidos y guardados por los muros de la felicidad. ¡El cónyuge tiene que mantener un huerto cerrado, una fuente sellada y fuente cerrada! Es importante estar atentos y vigilantes, pues no hay etapa segura en el matrimonio. En los últimos años, el índice de divorcios en la tercera edad ha crecido mucho en el mundo. Hay parejas que parten para aventuras fuera del matrimonio después de veinte, treinta, cuarenta años de vida conyugal. ¡Mientras más tiempo se vive junto, más dolorosa es la herida de la traición!

Dios fue quien instituyó el matrimonio y también estipuló principios permanentes para su felicidad. La fidelidad conyugal es un mandamiento divino que jamás puede ser violado sin gravísimas consecuencias. El apóstol Pablo escribe que el hombre que se acuesta con una prostituta se vuelve una sola carne con ella. La relación que debería ser peculiar solamente con la esposa, ahora es profanada con una prostituta. Eso es un ultraje completo del matrimonio.

## La amistad

*Huerto cerrado eres, hermana mía, esposa mía [...]* (Cant 4:12).

Salomón describe su amada como "hermana". Estoy convencido que el principio que está por detrás de esa expresión es el de amistad. Un matrimonio feliz no es apenas romance, sino también amistad. Una pasión crepitante no sostiene un matrimonio por muchos años. El fuego de la pasión tiende a apagarse con el tiempo, y, en esas horas, apenas una pareja que cultivo la amistad, el respeto y el afecto puede superar las intemperies de la vida.

Muchas parejas desisten en la mitad del camino y rompen el pacto conyugal porque, a pesar que hayan vivido intensamente un romance por algún tiempo, no tienen músculos emocionales y espirituales para resistir a las pruebas de la vida. Son casados, pero no amigos. Tienen buen desempeño sexual, pero no diálogo abierto. Duermen en la misma cama, pero no son socios de los mismos sueños. Tienen atracción sexual uno por el otro, pero no son confidentes, solidarios, amigos, aliviadores de tensiones.

Por ser un idioma rico en palabras, la lengua griega tiene ocho palabras para expresar el concepto de amor. Entre ella, cuatro palabras, o modalidades describen el amor de manera con la que los cónyuges deben amarse. De estas, las primeras tres se encuentran en la Biblia.

La primera es el amor *philia*, el amor que muestra amistad. Significa amar al otro como a un hermano de carne y sangre. Nosotros amamos los miembros de nuestra familia no solamente por sus virtudes, sino a pesar de sus debilidades, porque ellos son sangre de nuestra sangre y carne de nuestra carne. Ese es un amor sincero, intenso, profundo e incondicional. Los cónyuges deben amarse como amigos, como hermanos.

El segundo es el amor *storge*, un amor familiar. Es el amor del padre por el hijo, del hijo por el padre, de los hermanos unos por los otros. Debemos amar a todos, pero tenemos un amor especial por nuestra propia familia. Lloramos por los miembros de nuestra familia como no conseguimos hacerlo por los demás. Un matrimonio feliz nutre también ese tipo de amor.

El tercero es el amor *ágape*. Este es el gran amor incondicional de Dios por nosotros. Es también el amor con el que el marido es ordenado a amar su esposa. Es un amor perseverante, que se sacrifica y es santificador. El marido debe amar la esposa como Cristo amó la Iglesia. El marido debe amar la esposa como a sí mismo.

Aunque no aparece en la Biblia, la cuarta de estas palabras griegas con respeto al matrimonio es el amor *eros*, el amor erótico y físico. No hay matrimonio sin atracción por el sexo opuesto. La atracción sexual es una necesidad vital para la consumación de un matrimonio feliz. El hombre deja padre y madre para unirse a su mujer y volverse una sola carne con ella.

### El placer

*Fuente de huertos, Pozo de aguas vivas, Que corren del Líbano* (Cant 4:15).

El matrimonio fue creado por Dios para la felicidad del hombre y de la mujer. El matrimonio debe ser una fuente de placer, y no de sufrimiento. El mismo Adán que no encontró ningún ser que pudiera satisfacerlo física, emocional y espiritualmente, exclamó con alegría: *Esto es ahora hueso de mis huesos y carne de mi carne; ésta será llamada Varona,*[a] *porque del varón fue tomada* (Gn 2:23).

Como ya describimos en este libro, el sexo fue creado por Dios. El sexo es bueno, puro, santo y da placer. Debe ser disfrutado plenamente dentro de los límites sagrados del matrimonio. La Biblia dice: *Honroso sea en todos el matrimonio, y el lecho sin mancilla...* (Heb 13:4). La palabra "lecho" en la lengua griega es la misma palabra para "coito", "acto sexual". El sexo antes del matrimonio es fornicación; el sexo fuera del matrimonio es adulterio. Tanto la fornicación como el adulterio son pecados que provocan la ira de Dios. Las dos cosas son pecados condenados por Dios, ¡pero el sexo en el matrimonio es una orden divina! La misma Biblia que prohíbe el sexo antes y fuera del matrimonio lo ordena en el matrimonio (1 Co 7:5). Sí la práctica del sexo antes y fuera del matrimonio es pecado, la ausencia de sexo en el matrimonio también es pecado.

El sexo que da placer debe ser disfrutado en un lecho sin mancilla. Cuando una pareja cae en lazo de la pornografía e introduce elementos promiscuos en la relación sexual, entristece el Espíritu Santo y acaba destruyendo lo que busca aumentar. El sexo oral y el sexo anal están fuera de los patrones de Dios. Cuando Dios creó al hombre y la mujer, hizo cada órgano del cuerpo con una finalidad específica. Vale la pena repetir, si nuestras narices fueran colocadas hacia arriba, moriríamos ahogados con la lluvia. El ano es un órgano creado por Dios para expeler los excrementos del cuerpo, y no para la introducción del órgano genital masculino. El sexo anal es pecado de sodomía. Él es agresivo, sucio y humillante. Y, más aún, genera vicio y degradación. De igual manera, la boca no es un órgano apropiado para la penetración; tampoco la garganta es receptáculo de esperma. Esas prácticas sodomitas están enfermando las relaciones y trayendo el juzgamiento divino sobre las parejas.

Siempre que intentamos cambiar los principios divinos para buscar el placer, sufrimos las amargas consecuencias de nuestro engaño. Está probado que las parejas que disfrutan de una vida sexual más abundante y feliz no son aquellas que se rinden a la degradación de la pornografía y de la promiscuidad, sino los que mantienen la pureza del sexo en un lecho sin mancilla.

El sexo dentro de los patrones de Dios es una gran fuente de placer. Marido y mujer deben beber de esa fuente con grandes sorbos. Deben saborear las delicias de ese banquete sin ningún complejo o sentimiento de culpa. El cuerpo del cónyuge es una especie de mapa del placer que debe ser disfrutado con discernimiento y respeto.

# 6

# La comunicación, el oxígeno del matrimonio feliz

La comunicación es el oxígeno de la familia. Sin comunicación saludable, la familia agoniza asfixiada, sin conseguir respirar. Eso me recuerda un pastor que visitó un miembro de la iglesia en un hospital de una pequeña ciudad donde los recursos eran aún muy limitados. Al llegar al hospital, el pastor encontró aquel hermano entubado, en estado de mucho sufrimiento. El pastor se posicionó delante del enfermo y empezó a leer unos versículos bíblicos. El paciente inmediatamente empezó a entrar en pánico y a gesticular. El pastor, impasible, continuó la lectura, sin importarle la aflicción del enfermo. El paciente estaba agonizando, levantó la mano pidiendo un papel y un bolígrafo y escribió algunas palabras con gran nerviosismo y las entregó al pastor. Él, concentrado en sus lecturas, tomo el papel y lo colocó en el bolsillo del saco de paño. Mientras el pastor seguía con la lectura de los textos, el hermano cada vez sentía más falta de aire y, enseguida, paulatinamente aquel hermano hospitalizado murió allí mismo ante sus ojos.

El pastor se sensibilizó con la familia y con profunda emoción hizo una predica llena de gran emoción en el funeral. Cuando regresaba del cementerio, recordó la nota que había recibido y con dolor la tomó del bolsillo para leerla. Quedo estupefacto al leer: "Pastor, usted está pisando la manguera de mi oxígeno, y no puedo respirar".

Existen muchos matrimonios que están acabando, y los cónyuges están pisando encima de la manguera de oxígeno. Cuando la comunicación acaba, el matrimonio se acaba. El divorcio es antecedido por la muerte del diálogo.

El libro de Proverbios dice que la muerte y la vida están en el poder de la lengua (Pr 18:21). Usted puede dar la vida o matar una relación, dependiendo de cómo se comunica. La Biblia dice que Nabal, marido de Abigail, era un hombre rudo y que nadie le podía hablar. Nabal era truculento en sus palabras y en sus gestos. Él volvió la vida de su esposa una pesadilla. Él era un hombre que se emborrachaba, insensible y duro en el tratamiento. Él murió, y su esposa se casó con el rey David, enemigo de él.

En una pequeña ciudad, había un hombre anciano y sabio que tenía respuestas inteligentes para todas las cosas que le eran presentadas. Un joven, con aire de inteligencia, tomó la decisión de colocar el anciano en una trampa. Se dijo a sí mismo: "Colocaré un pajarito dentro de mis manos y le preguntaré al sabio sí el pájaro está vivo o muerto".

Entonces, él raciocinó: "Sí el anciano dice que el pajarito está muerto, abro las manos y dejo que el pajarito vuele. Sí dice que el pájaro está vivo, aprieto una mano contra la otra y le entrego el pajarito muerto". En su lógica, el sabio no tendría escapatoria. Al proponerle el desafío, preguntando si el pájaro estaba vivo o muerto, el sabio le respondió: "El pájaro que está en sus manos está vivo o muerto; tan sólo depende de usted". De la misma manera es su matrimonio: él está vivo o muerto; solamente depende de usted. Usted puede dar la vida o matar su matrimonio, dependiendo como trata a su cónyuge.

En la familia, usted cosecha lo que planta. Ciega lo que siembra. En la comunicación, usted toma el reflujo de su propio flujo. En verdad, usted se reproduce y se multiplica dentro de su casa. Eso me recuerda la casa de los mil espejos. Por las calles de la ciudad, paseaba un perrito juguetón. Atraído por la casa de los mil espejos, subió las escaleras y quedó maravillado cuando vio las mil caritas sonriendo para él. Entonces, pensó: "Este es el mejor lugar del mundo. Siempre quiero volver aquí". Por la misma calle, también andaba un perrito cascarrabias y deprimido. Él le mostraba y ladraba a quien se le acercara. Atraído por la casa de los mil espejos, subió las escaleras y quedó horrorizado cuando vio mil perros mostrándole los dientes. Perturbado, pensó: "Este es el peor lugar del mundo; jamás quiero volver a este lugar". Esa historia es auto-explicativa. Nosotros reproducimos quienes somos. Si sembramos amor, cosecharemos amor. Si plantamos amistad, cosecharemos amistad. Pero sí esparcimos dentro de casa mal humor, es eso lo que tendremos. Nosotros nos reproducimos y nos multiplicamos dentro de casa. Los miembros de nuestra familia son un reflejo de nosotros mismos. Ellos son nuestro espejo. Nosotros tomamos el reflujo de nuestro propio flujo. Cosechamos lo que plantamos.

En su carta, Santiago nos habla sobre tres principios de la comunicación: ser pronto para oír, tardo para hablar y tardo para airarse (Stg 1:19).

### Pronto para oír

Dios nos hizo con la capacidad de escuchar más y hablar menos. Tenemos dos orejas y apenas una lengua cercada de dientes. No podemos dejar de oír, pero podemos escoger no hablar. Dale Carnegie, en su libro *Como hacer amigos e influenciar personas*, dice que sí queremos construir puentes de amistad, tenemos que aprender a escuchar las personas. A todas las personas les gusta y necesitan hablar de sí mismas. Los consultorios de los psicólogos están llenos de personas que necesitan encontrar un oído que la oiga con paciencia y amor. El hogar tiene que ser un lugar terapéutico, donde haya espacio para una comunicación saludable.

La palabra usada por Pablo para describir cómo debemos estar listos para oír es muy sugestiva. Se trata de la palabra griega *táxis*, de donde bien la palabra "taxi". Un taxi es un carro de servicio que está disponible para el momento en que lo necesita y lo llama. Si un taxista le dice: "No puedo atenderlo ahora. Llámeme más tarde", con seguridad usted no contará con él. Usted tiene urgencia. O el taxista lo atiende en el momento que lo llama, o, entonces, no sirve.

Cuando Santiago dice que debemos ser prontos para oír, está diciendo que las personas valen más que las cosas. Imagínese un niño yendo a sus padres y pidiéndoles una ayuda: "Papá, mamá, ¿me pueden ayudar con la tarea del colegio?" Ambos respondieron con el mismo tono: "Yo no tengo tiempo ahora, intente resolver solo ese problema o llame al profesor o un amigo". Dentro de diez minutos el teléfono timbra, y ambos corren para contestar y gastan treinta minutos en una conversación fútil. El hijo empieza a darse cuenta que no tiene con los padres el mismo crédito que los amigos, el trabajo o la diversión. Cuando los hijos son chicos, ellos lloran para quedarse con los padres. Cuando crecen, los padres lloran para quedarse con los hijos. Si no construimos puentes de comunicación con los hijos cuando ellos son chicos, al crecer será casi imposible hacerlo.

Existen parejas que no son amigos. No conversan, no comparten, no son confidentes. Ellos tienen tiempo para escuchar los extraños, pero no para escucharse uno al otro. El divorcio solamente sucede porque antes hubo la muerte del diálogo. Conozco parejas que se comunican dentro de la casa por celular. Conozco familias cuyos miembros viven aislados bajo el mismo techo.

Es importante resaltar que escuchar es un arte. Debemos oír no solamente con los oídos, sino también con los ojos, con el corazón y con todo nuestro ser. Debemos oír con compasión y ternura, con discernimiento y profundo interés. Debemos oír con simpatía y empatía. Cuando abrimos nuestra agenda, nuestro corazón y nuestros oídos para oír al cónyuge, no tenemos que gastar tiempo para restaurar lo que fue roto.

Quien no escucha al cónyuge, oirá lamentos da la propia alma. El que no invierte en la comunicación dentro del hogar, vivirá en el tormento del silencio y de la soledad.

### Tardo para hablar

Es común arrepentirnos de lo que hablamos, pero casi siempre no nos arrepentimos de lo que *no* hablamos. Quien habla mucho, mucho erra. Hasta el necio cuando se calla es tenido por sabio. Por encima de cualquier cosa, cuando estamos airados, hablamos lo que no queremos hablar, con la entonación de voz que no nos gustaría usar y acabamos hiriendo las personas que más amamos.

La Biblia dice que debemos hablar la verdad en amor. Nuestra palabra tiene que ser verdadera, buena para la edificación y transmitir gracia a los que oyen. Tenemos que hablar la cosa correcta, con las palabras correcta, con la persona correcta y con la motivación correcta. El gran filósofo griego Sócrates tenía por costumbre filtrar lo que oía por tres filtros. Cuando alguien comentaba con él alguna cosa sobre la vida ajena, él preguntaba: "¿Lo que me está diciendo es verdad?" "¿Ya le dijo a la persona involucrada?" "¿Eso va ayudar en la solución del problema?" Sí el comentario no pasase por esos tres filtros, el filósofo respondía: "Entonces, no me gustaría oír su comentario".

Muchos problemas generados dentro de la familia tienen que ver con la forma que las personas hablan. Santiago dice que la lengua tiene el poder de manejar. Ella es como el freno de un caballo, o como el timón de un barco. Sin freno, el caballo se vuelve un animal salvaje y puede provocar grabes accidentes. Sin timón, el barco puede ser vehículo de muerte. Sin timón para manejar, el barco se puede estrellar contra rocas y causar graves accidentes. De la misma manera es la lengua. Aun siendo un órgano tan pequeño, ella maneja todo nuestro cuerpo. Si no vivimos sabiamente, ella podrá lanzarnos contra las rocas y llevarnos a un naufragio terrible.

Santiago también dice que la lengua tiene poder para destruir como el fuego y como el veneno. Un comentario con maledicencia es como una chispa que puede incendiar todo un bosque. Esparcir chismes es como subir a lo alto de una montaña y esparcir una bolsa de plumas. Recogerlas después es imposible. La lengua es veneno mortal. Ella es más venenosa que la serpiente más venenosa. Muchas personas son destruidas por el veneno de la lengua. La Biblia habla del chisme de Doeg que motivó al insano rey Saúl a matar todos los hombres de la ciudad de Nob. Ese pecado de colocar una persona contra la otra y esparcir contiendas, muchos conflictos familiares y muchas guerras fueron aumentadas por el fuego de la intriga, y muchas personas fueron muertas por el veneno letal de la lengua maldiciente.

Es sugestivo ver la palabra "tardo" usada por Santiago para describir el termino *bradys*. Esa palabra trae la idea de una persona retardada o que posee un raciocinio lento. Es como una persona a quien usted le cuenta un chiste y solamente se ríe media hora después. Santiago nos está enseñando que debemos contar hasta diez antes de hablar. Debemos ser cautelosos y moderados con nuestras palabras. Responder antes de oír es necedad y vergüenza. Hablar apresuradamente puede resultar en un gran error.

Un hombre ganaba la vida vendiendo pociones. Solamente que sus pociones no eran para tratar enfermedades físicas, sino relaciones enfermas. El precio era salado, pero el resultado era eficaz. Un hombre que pasaba por una crisis conyugal, sabiendo de los prodigios alcanzados por el inusitado tratamiento, buscó al vendedor del remedio milagroso y le pidió un descuento. El vendedor no cedió, pero le prometió que le devolvería el dinero si el remedio no funcionase. El comprador no dudó. Pagó la cantidad estipulada. En seguida, el vendedor le dio orientaciones detalladas de como la poción debería ser tomada. Explicó: "Cuando se dé cuenta que su relación conyugal esta tenso y los nervios están a flor de piel; cuando el clima se ponga caliente en su casa, y dé cuenta que el escenario para una pelea se está armando, entonces tome inmediatamente una dosis del remedio. Pero, un detalle. Usted no puede tragar el remedio. Si lo traga, el efecto será anulado. Mantenga el remedio en la boca. Después que el clima este calmado y las tensiones se amainen, trague el remedio". Dejar de hablar en el momento de la tensión conyugal es el remedio más eficaz para evitar la crisis. ¡Ser tardo para hablar es un principio infalible!

### Tardo para airarse

No es pecado tener ira. La Biblia dice *Airaos, pero no pequéis* (Ef 4:26). Pero la ira también puede ser pecaminosa. ¿Y cuándo se vuelve pecaminosa? Cuando es dirigida contra las personas, y no canalizada para resolver el problema.

Jay Adams, ilustre escritor americano, dice que hay dos maneras equivocadas de tratar con la ira: la exteriorización de la ira y la interiorización de la ira. Muchas personas tienen el estopín corto, y explotan con facilidad. Son aquellas que no se van con un insulto para la casa y que siempre dan el cambio a cualquier ofensa recibida. Normalmente esas personas, después que explotan, se sienten bien y hasta calman el corazón, pero acaban hiriendo las personas con sus astillas envenenadas. Una persona temperamental y explosiva acaba maltratando las personas, en vez de resolver problemas.

Sin embargo, hay personas que, en vez de explotar almacenan la ira, congelándola en el corazón. Guardar amarguras es un gran peligro. Represar esos sentimientos puede provocar la ruptura de los diques del alma y traer una inundación catastrófica. Para usar otra figura, la retención de la amargura puede ser similar a un volcán. Aparentemente, él está calmado, pero por dentro hay un fuego destruidor. Un día, ese volcán entra en erupción, y sus lavas son escupidas con una fuerza destruidora.

La única manera sensata de tratar con la ira es por el ejercicio del perdón. El perdón trae sanidad y liberación. El perdón es una necesidad vital para una vida saludable. El que no perdona, acaba volviéndose esclavo del odio y prisionero de la persona que odia. El que no perdona, acaba conviviendo constantemente con la persona que menos le gustaría de relacionarse. Usted va a comer y esa persona se sienta en la misma mesa y le quita el apetito. Usted se va a dormir y esa persona le roba el sueño y se vuelve su pesadilla. Usted se alista para viajar y salir de vacaciones, y esa persona toma un *"ride"* con usted y hace de su viaje un dolor de cabeza. Sin embargo, el perdón tiene el poder de librarlo de esas gruesas cadenas y hacerle libre.

No hay vida conyugal feliz sin el ejercicio del perdón. El que no perdona, no puede orar, no puede ofrendar, ni ser perdonado. El que no perdona, enferma física y emocionalmente. El que no perdona, es entregado a los torturadores de la conciencia. La Biblia dice que debemos perdonar como Dios nos perdonó en Cristo. Debemos perdonar en nuestra intimidad y de manera completa y constante.

Santiago dice que debemos tener prisa para oír, pero lentos para hablar y para airar. Ese es el trípode de la comunicación positiva que produce relaciones saludables.

# 7

# La intimidad sexual en el matrimonio feliz

El sexo es bueno, puro, santo y delicioso, a la vez creado, ordenado y reglamentado por Dios. Antes del matrimonio, el sexo es fornicación; fuera del matrimonio, el sexo es adulterio; dentro del matrimonio, el sexo es una ordenanza divina.

En el primer siglo de la Era Cristiana, cuando el Nuevo Testamento fue escrito, había tres grandes barreras para hablar acerca de la santidad del sexo.

En primer lugar, **no había una posición fuerte contra la inmoralidad**. La vida sexual en el mundo greco-romano era un caos sin ley. Chapman dijo que en esa época la vergüenza parecía que se había perdido de la Tierra. Sería difícilmente posible mencionar un gran personaje griego que no tuviera una amante. Alejando Magno tenía una amante llamada Taís, que después de la muerte de él a los 33 años, se casó con Ptolomeo de Egipto, y se volvió madre de reyes. Aristóteles tenía una amante llamada de Herpília. La amante de Platón se llamaba Arquenessa. Aspásia, la amante de Pericles, era quien escribía los discursos. La decadencia de la moralidad sexual de los griegos puede ser demostrada por el siguiente hecho: cuando Sólon legisló por la primera vez sobre la cuestión de la prostitución y abrió prostíbulos del Estado, destino las utilidades de estos para la construcción de tempos a los dioses.

Cuando la inmoralidad de los griegos invadió Roma, se volvió aún más degradante y grosera. Los pactos matrimoniales fueron menospreciados. El divorcio fue ridículamente fácil y la moral cayó en colapso. En Roma, como ya fue mencionado, Séneca escribió que las mujeres se casaban para divorciarse y se divorciaban para casarse. La inocencia no era apenas rara, sino que prácticamente era inexistente. Es más, la clase alta de la sociedad romana se había vuelto profundamente promiscua. Inclusive Mesalina, la emperatriz, esposa de Claudio, salía a las escondidas del palacio real por la noche con la finalidad de servir en un prostíbulo público. Ella la última a salir y volvía para la almohada imperial con todos los olores de sus pecados. Peor aún era la inmoralidad sin pudor que paseaba en el palacio. Empezaron varias relaciones incestuosas en los hogares imperiales. Calígula vivía una habitual relación incestuosa con su hermana Drusila. La concupiscencia de Nerón no dejo de lado ni siquiera su mamá Agripina, la que posteriormente asesinó. La sociedad, desde el más alto escalón hasta el más bajo, también fue contaminada de manera vergonzosa por las relaciones homosexuales. El historiador Edward Gibbon afirmó que de los quince emperadores romanos, solamente Claudio, que fue traicionado por la esposa, no mantenía prácticas homosexuales.

En segundo lugar, **el prevalecer de las ideas gnósticas**. Para los gnósticos, influenciados por el dualismo griego, la materia era esencialmente mala, mientras el espíritu era esencialmente bueno. Por ser el cuerpo materia y esencialmente malo, el gnosticismo tenía dos actitudes extremas con respecto al cuerpo: ascetismo y permisividad. La mentalidad que prevalecía en los primeros tres siglos era que lo que se hace con el cuerpo no afecta al espíritu. Al actuar de esa manera, el gnosticismo promovía la inmoralidad y abría las fronteras para la permisividad. Cuando la teología de un pueblo estaba equivocada, la ética resbalaba hacia el abismo. Así como el hombre cree, así él vive. Donde los marcos son removidos, y las cercas de la ética son arrancadas, el pueblo se encamina para el relativismo moral y cae en la profundidad de la degradación.

En tercer lugar, **la inmoralidad sexual tenía profundos vínculos con la práctica religiosa**. Había muchos templos dedicados a los dioses del panteón greco-romano. En esos templos había muchas prostitutas cultuales. Por ejemplo, el templo de Afrodita, en la ciudad de Corinto, tenía más de mil prostitutas que se entregaban a la promiscuidad en una especie de servicio religioso. Eso hizo de Corinto una de las ciudades moralmente más depravadas de ese tiempo.

La llamada "nueva moralidad" de hoy en día no es nada más que un retorno a la vieja moralidad de los griegos y romanos. Hoy vivimos la decadencia vertiginosa de la decencia. Este es el tiempo de la idolatría del cuerpo, de endiosamiento de la belleza, de la supervaloración de *desempeño*. Asistimos a un verdadero culto al cuerpo. Los gimnasios y salones de belleza están súper-llenos. Las clínicas de cirugía plástica para el embellecimiento del cuerpo están cada vez más disputadas. El cuidado con lo exterior es infinitamente más grande que el cuidado con el interior.

Con la llegada de los anticonceptivos y el cambio de la mentalidad contemporánea transformaron el sexo en un producto barato que es comercializado sin ningún pudor. La pornografía hoy en día es una industria cuyas ganancias alcanza los miles de millones de dólares al año. El sexo antes del matrimonio está dejando de ser la excepción para ser una regla en esta sociedad decadente.

¿Qué dice la Biblia sobre la cuestión del sexo?

### El sexo fue creado por Dios

Dios creó al hombre y a la mujer, masculino y femenino. Después de crearlos, dio una calificación: ¡MUY BUENO! (Gén 1:26-28). Dios creó cada órgano de nuestro cuerpo (1 Co 12:18). Fue Dios él que nos creó con órganos sexuales, con deseos sexuales y con atracción por el sexo opuesto. No hay ningún pecado en sentir deseo sexual. El sexo no es sucio, sino santo, puro y bueno.

### El sexo en el matrimonio es una orden de Dios

El sexo no es la causa de la caída, ni tampoco su resultado. El sexo preexistió a la caída. Fue ordenado por Dios antes de la caída (Gén 1:28) y después de la caída (1 Co 7:5). La leyenda de la manzana o del sexo como fruto prohibido no tiene ninguna base bíblica. La misma Biblia que prohíbe el sexo antes del matrimonio (1 Tes 4:3-8) y fuera del matrimonio (Éx 20:14,17), lo ordena en el matrimonio (Gén 1:28; 2:24; 1 Co 7:5). O sea, la práctica del sexo antes y fuera del matrimonio es pecado de la misma manera que la ausencia del sexo en el matrimonio también es pecado (1 Co 7:3-5).

## El sexo en el matrimonio debe ser puro y digno de honra

La carta a los Hebreos dice: *Honroso sea en todos el matrimonio, y el lecho sin mancilla; pero a los fornicarios y a los adúlteros los juzgará Dios* (Heb 13:4). La palabra "lecho" como ya dijimos anteriormente en griego es coito, relación sexual. La relación sexual entre marido y mujer debe ser digna de honra entre todos. Ella está bajo la bendición de Dios y la aprobación de los hombres. No existe acto ilícito ni inmoral en esa relación. Ella está totalmente compatible con la santidad y expresa de manera plena la voluntad de Dios.

El sexo entre marido y mujer tiene que ser practicado en un contexto de pureza. El lecho conyugal tiene que ser sin mancilla. Traer al lecho conyugal prácticas impuras y degradantes es humillar el matrimonio y destruir la belleza del sexo. También ya dijimos que no es cierto que cuando cerrada la puerta del cuarto, vale todo entre marido y mujer. Existen prácticas nocivas, degradantes, destruidoras, aun entre marido y mujer. Dios no sólo creó el sexo, sino que le dio reglas. Ir contrario a los principios de Dios en esa materia es vivir en el error.

Muchas parejas ya perdieron la pureza, la belleza y el entusiasmo con la vida sexual por causa de los vicios humillantes de la pornografía. Hay muchos hombres prisioneros de la pornografía. Hay maridos que se abarrotan de toda la basura de páginas web pornográficas y, además de destruir su intimidad con Dios, también mancillan el lecho conyugal, forzando al cónyuge a repetir las mismas aberraciones retiradas de esas alcantarillas inmundas. Todo vicio genera dependencia. Todo vicio degrada y destruye. Muchas parejas, en la búsqueda de hacer dinámico, revitalizar y ponerle candela a la relación sexual, introducen elementos extraños al lecho conyugal y, en vez de alcanzar el objetivo deseado, destruyen la espontaneidad de la relación y amargan consecuencias desastrosas.

Existen maridos que se vuelven tan dependientes de la pornografía que no sienten más placer en una relación natural con la esposa. Existen aquellos que no consiguen más tener placer en la relación, a no ser que estén viendo películas pornográficas con escenas llenas de actos humillantes. Muchas mujeres son humilladas por su marido, obligadas a ver lo que no quieren ver y a sujetarse a un festival de sodomía. Hay muchas parejas que ya transformaron el lecho conyugal en la cama del adulterio, el lugar de la bendición de Dios en el reducto de la degeneración más vergonzosa. Cuando un hombre queda viciado en pornografía, las escenas que ve en las películas, páginas web y revistas quedan impregnadas en su mente. Cuando ese hombre mantiene una relación sexual con la esposa, él apenas está usando el cuerpo de la esposa y, al mismo tiempo, comete adulterio contra ella.

La sodomía del lecho conyugal atrae maldición sobre la pareja. El placer del pecado es momentáneo, pero el sufrimiento que provoca puede durar toda la vida, quizás toda la eternidad.

## El sexo en el matrimonio trae placer

El placer sexual es una de las experiencias físico-emocionales más arrebatadoras que el ser humano puede probar. Dios nos creó con la capacidad de tener orgasmo y con el privilegio de sentir ese placer maravilloso. No es pecado disfrutar, dentro de las cercas benditas del matrimonio, de ese placer sacrosanto.

Aquellos que enseñan que el sexo es solamente para la procreación cometen un gran error. Por medio de la relación sexual, tenemos el privilegio de generar hijos según nuestra imagen y semejanza. Pero el propósito del sexo va más allá de la procreación. El sexo nos fue dado como una fuente abundante de placer. La ley mosaica garantizaba un año de luna de miel a la pareja para que ellos disfrutaran plenamente las delicias de la relación. *Cuando alguno fuere recién casado, no saldrá a la guerra, ni en ninguna cosa se le ocupará; libre estará en su casa por un año, para alegrar a la mujer que tomó* (Dt 24:5).

El autor del libro de Eclesiastés ordena: *Goza de la vida con la mujer que amas, todos los días de la vida de tu vanidad ...* (Ecl 9:9). El libro de Proverbios habla del sufrimiento producido por el sexo fuera del matrimonio (Pr 5:7-14), pero también describe con vivacidad el placer embriagador que el sexo promueve entre los cónyuges:

*Bebe el agua de tu misma cisterna, Y los raudales de tu propio pozo. ¿Se derramarán tus fuentes por las calles, Y tus corrientes de aguas por las plazas? Sean para ti solo, Y no para los extraños contigo. Sea bendito tu manantial, Y alégrate con la mujer de tu juventud, Como cierva amada y graciosa gacela. Sus caricias te satisfagan en todo tiempo, Y en su amor recréate siempre* (Pr 5:15-19).

John P. Mulhall, uno de los más destacados urólogos de los Estados Unidos, en su entrevista a la revista Veja[1] (9 de enero de 2009, pp. 7, 8), dice que una vida sexual de placer tiene términos cuantitativos y cualitativos, trae una serie de beneficios a la salud mental, cardiovascular y hasta inmunológica. Él dice que los que viven una vida sexual de más placer viven más y con más alegría. A su vez, las disfunciones sexuales contribuyen para el surgimiento de una serie de problemas físicos y psicológicos. Muchos casos de depresión y de dificultades de relacionamiento tienen origen en ellas. Por ejemplo, la disfunción eréctil puede ser el aviso de enfermedades como la diabetes, esclerosis múltiple, mal de Parkinson y enfermedad coronaria, entre otras. La calidad de la vida sexual es un termómetro del bienestar, tanto que se volvió una de las medidas de calidad de vida de una persona, según la Organización Mundial de la Salud.

### El sexo en el matrimonio requiere caricias

El hombre y la mujer son los únicos seres que hacen sexo mirándose el uno al otro. Hombre y mujer viven no solamente lado a lado, sino también frente a frente. Diferente de los animales, el sexo para el ser humano es una intimidad que exige responsabilidad y fidelidad. No copulamos como los animales irracionales. Solamente deberíamos entregarnos a la intimidad cuando tuviéramos seguridad del compromiso y del pacto conyugal. Esa relación no es construida apenas sobre la ardiente pasión carnal, sino, más que eso, es edificada sobre el amor responsable.

---

[1] Revista de circulación nacional en Brasil publicada por el Grupo Abril de comunicación.

De esa manera, el sexo en el matrimonio, como expresión de amor, exige caricias. Isaac acariciaba su esposa, Rebeca, en el momento de la intimidad de la pareja (Gén 26:8). La enseñanza del apóstol Pablo es clara: *Porque nadie aborreció jamás a su propia carne, sino que la sustenta y la cuida* (Ef 5:29). La palabra "cuida" solamente aparece una vez en el Nuevo Testamento, en 1 Tesalonicenses 2:7. En ese último texto, es traducida como "acariciar". El marido debe acariciar a la esposa. El sexo, principalmente para la mujer, va más allá del acto conyugal. El preludio femenino para el acto sexual debe empezar al desayuno. Alrededor de 98% de las mujeres reclaman de la falta de cariño. Mientras los hombres buscan sexo, las mujeres buscan cariño. Mientras para el hombre el sexo es primordialmente el acto conyugal, para la mujer abarca más que el acto. La vedad, el acto es apenas el adorno final.

A su vez, Salomón muestra que no sólo es el hombre quien debe acariciar a la mujer, sino que el hombre también debe recibir caricias de la mujer: *Sus caricias te satisfagan en todo tiempo* (Pr 5:19).

### El sexo en el matrimonio exige fidelidad

Ninguna pareja puede ser plenamente feliz en su vida sexual donde hay traición e infidelidad conyugal. La felicidad plena en la vida sexual requiere entrega total del cónyuge. El libro de Cantares coloca esa reciprocidad en estos términos: *Yo soy de mi amado, y mi amado es mío* (Cant 6:3). El lecho conyugal tiene que ser puro y exclusivo. El rey Salomón, inspirado por el Espíritu de Dios, es claro sobre esa cuestión: *Huerto cerrado eres, hermana mía, esposa mía; Fuente cerrada, fuente sellada* (Cant 4:12).

La fidelidad conyugal es un precepto divino desde el inicio de los tiempos. El propio libro de Génesis presenta esa realidad: *Por tanto, dejará el hombre a su padre y a su madre, y se unirá a su mujer, y serán una sola carne* (Gén 2:24). El texto no dice que el hombre debe unirse a sus mujeres, sino a su mujer. La Biblia es absolutamente clara sobre el desastre provocado en la ruptura de ese mandamiento: *Mas el que comete adulterio es falto de entendimiento; Corrompe su alma el que tal hace* (Pr 6:32).

El sexo fuera del matrimonio es una fuente de amargura, culpa, dolor, lágrimas y mucho sufrimiento. El trae tragedias no solamente para el que lo practica, sino también para el cónyuge traicionado, y también para los hijos. En Egipto, José rechazó acostarse con su patrona diciendo que la infidelidad era una gran maldad contra su marido. Él dijo: *¿cómo, pues, haría yo este grande mal, y pecaría contra Dios?* (Gén 39:9). Por su lado, Job definió el adulterio como un crimen hediondo (Job 31:11).

La infidelidad conyugal es algo tan grave que puede legitimar el divorcio y abrir camino para un nuevo matrimonio para el cónyuge que fue traicionado (Mt 19:9). A pesar de que las consecuencias son trágicas, nuestra sociedad permisiva promueve y aplaude el adulterio. Hoy vivimos el drama de matrimonios descartables. Hoy vivimos la realidad dolorosa de la epidemia de la infidelidad conyugal. Es importante recordar que los adúlteros no heredarán el Reino de Dios, a no ser que se arrepientan (1 Co 6:9,10; Ap 21:8).

### El sexo en el matrimonio exige completa devoción de los cónyuges

Tanto la mujer como el marido tiene derechos garantizados por Dios con respecto al placer sexual en el matrimonio.

## La intimidad sexual en el matrimonio feliz | 105

El marido debe concederle a la mujer lo que le es debido, y de manera semejante, la mujer al marido (1 Co 7:3). El orgasmo es una dádiva divina. Es un regalo maravilloso concedido por Dios para ser disfrutado y celebrado con pureza y santidad por la pareja. El marido no puede negarle a la esposa ese privilegio que Dios le concedió. No es pecado sentir placer sexual. No es contra la voluntad de Dios que marido y mujer disfruten plenamente esa bendición. Es más, es una ordenanza divina que tanto marido como mujer concedan el uno al otro ese derecho.

Para eso es necesario que marido y mujer se conozcan y estudien sobre ese asunto importante. Pocas parejas conversan abiertamente sobre su vida sexual. Entre muchas parejas, sexo aun es tabú. Pocas parejas disfrutan de todo el placer que podrían tener en la relación sexual. Muchas aguantan hambre ante un banquete abundante. Otros se alimentan con abundancia, pero dejan al cónyuge aguantando hambre. Muchos hombres buscan tratamiento para mejorar su desempeño sexual, pero entran en el juego queriendo decidir el partido en las penalidades, sin jugar los noventa minutos. Llegan rápido al orgasmo y después duermen como si nada, sin darse cuenta que la mujer también tiene sus necesidades y derechos garantizados por el propio Dios que tienen que ser atendidos y suplidos.

La relación sexual de la pareja tiene que ser sin burocracia. Hay parejas que siguen normas tan rígidas para tener una relación sexual que le quitan la espontaneidad del acto conyugal. El amor es "otro centralizado", y no "ego centralizado". Una relación debe empezar siempre cuando uno de los cónyuges manifieste ese deseo y siempre que haya un ambiente favorable de privacidad para la pareja. El apóstol

Pablo escribe: *La mujer no tiene potestad sobre su propio cuerpo, sino el marido; ni tampoco tiene el marido potestad sobre su propio cuerpo, sino la mujer* (1 Co 7:4). Las disculpas y chantajes deben desaparecer en la relación conyugal. El propósito principal del cónyuge es satisfacer su consorte, y no a sí mismo. La falta de observancia de ese mandamiento abre un largo camino donde transitan muchos riesgos y peligros. Satanás, el archienemigo del matrimonio y de la familia, saca provecho de la incontinencia entre marido y mujer para empujar los cónyuges para el camino resbaloso de la infidelidad. Por eso, el apóstol Pablo declara: *No os neguéis el uno al otro, a no ser por algún tiempo de mutuo consentimiento, para ocuparos sosegadamente en la oración; y volved a juntaros en uno, para que no os tiente Satanás a causa de vuestra incontinencia* (1 Co 7:5).

# 8

# Las virtudes de la mujer que edifica un matrimonio feliz

La mujer fue creada a imagen y semejanza de Dios, para la gloria de Dios y felicidad del hombre. Ella es un regalo de Dios, una auxiliadora idónea para el hombre, el centro de sus afectos, la prioridad de sus relaciones. La mujer fue la última a ser creada en el Universo; ¡el poema más bello de Dios, la corona de la creación!

Proverbios 31:10-31 es un acróstico y cada versículo empieza con una letra del alfabeto hebreo. Es un homenaje a la mujer. No podría haber otra manera más sublime de terminar el libro de Proverbios. El texto que vemos nos habla sobre las principales áreas de relacionamiento de esa mujer:

En primer lugar, **como ella se relaciona con su marido**. Con respecto al marido, esa mujer tiene algunas características notables: 1) ella es una mujer confiable - *El corazón de su marido está en ella confiado* (31:11); 2) ella es una mujer estable emocionalmente - *Le da bien y no mal todos los días de su vida* (31:12); ella es un aliento en la vida de su marido - *Su marido es conocido en las puertas, Cuando se sienta con los ancianos de la tierra* (31:23); 4) es una mujer alabada por su marido - *Se levantan sus hijos y la llaman bienaventurada; Y su marido también la alaba: Muchas mujeres hicieron el bien; Mas tú sobrepasas a todas* (Pr 31:28,29).

En segundo lugar, **como ella se relaciona con los hijos**. Tres cosas nos llaman la atención en la relación de esa mujer con los hijos: 1) ella es una consejera sabia - *Abre su boca con sabiduría, Y la ley de clemencia está en su lengua* (31:26); 2) es elogiada por los hijos - *Se levantan sus hijos y la llaman bienaventurada* (31:28); 3) ella trata a todos los hijos de igualmente, o sea, no tiene preferencia por un hijo a favor del otro - *Se levantan sus hijos* (31:28).

En tercer lugar, **como ella se relaciona consigo misma**. Destacamos tres hechos interesantes: 1) ella cuida de su salud y de su *desempeño* físico - *Ciñe de fuerza sus lomos, Y esfuerza sus brazos* (31:17); 2) ella se viste con bues gusto - *De lino fino y púrpura es su vestido* (31:22); 3) le da más valor a la belleza interior que a la belleza exterior - *Fuerza y honor son su vestidura; Y se ríe de lo por venir* (31:25).

En cuarto lugar, **como ella se relaciona con su prójimo**. A pesar que esa mujer sea una administradora doméstica, una empresaria exitosa y una fuente de bendición dentro de su casa, ella también tiene tiempo para ayudar los necesitados - *Alarga su mano al pobre, Y extiende sus manos al menesteroso* (31:20).

En quinto lugar, **como ella se relaciona con Dios**. Después de tantos atributos bonitos que adornan su carácter, esa mujer demuestra la fuente de todas las demás excelencias de su vida, su profundo relacionamiento con Dios. Es una mujer cuyo foco no está en las cosas fútiles y pasajeras, sino en una relación de temor y obediencia a Dios - *Engañosa es la gracia, y vana la hermosura; La mujer que teme a Jehová, ésa será alabada* (31:30).

El texto que vemos nos habla sobre los diez mandamientos de la mujer feliz.

### Ella es preciosa (Pr 31:10)

El valor de esa mujer sobrepasa el de joyas finas. Esa mujer vale más que oro - *La casa y las riquezas son herencia de los padres; Mas de Jehová la mujer prudente* (Pr 19:14). *El que halla esposa halla el bien, Y alcanza la benevolencia de Jehová* (Pr 18:22).

Una familia puede tener riqueza, pero sin amor no hay felicidad. Nadie puede comprar el amor. El amor jamás está en venta. Esa mujer vale más que la herencia, más que la riqueza, más que el apartamento de lujo, más que el carro último modelo. Más que los bienes materiales.

Es una equivocación terrible pensar que un buen partido para el matrimonio es apenas alguien que tiene dinero. El dinero es bueno, pero no hace feliz a nadie. Un matrimonio feliz es mejor que la riqueza. Una mujer virtuosa vale más que todo el oro del mundo.

Hoy vivimos una tergiversación de valores. Las personas son evaluadas por lo que tienen, y no por lo que son. El *tener* pasó a ser más importante que el *ser*. Riquezas sin carácter no pavimentan el camino de la felicidad. Las personas más felices no son necesariamente aquellas que consiguen riquezas y viven en palacios y apartamentos de lujo, sino las que tienen la riqueza de un carácter digno. Las personas más felices son las que llegan a la casa temprano oliendo a grasa y se sientan a la mesa para comer pan, pero viven con alegría de Dios en el corazón, porque construyeron la vida a base de valores eternos, y no sobre la arena movediza de la ganancia insaciable.

### Ella es confiable (Pr 31:11)

La mujer virtuosa descrita en ese texto es fiel a su marido. Ella nunca tiene motivos para desconfiar de ella. Ella es transparente, honrada, de conducta irreprensible. Ella puede decir: *Yo soy de mi amado, y mi amado es mío.* Ella es un jardín cerrado, una fuente sellada, una esposa fiel.

No hay cosa más desastrosa que la infidelidad conyugal. La traición es como una puñalada por la espalda. La infidelidad conyugal abre heridas en el corazón. Las estadísticas revelan que hoy 75% de los hombres y 63% de las mujeres son infieles al cónyuge. Existen muchos maridos maltratados y heridos por la infidelidad de la esposa. Existen muchas esposas maltratadas por la infidelidad del marido.

La mujer virtuosa es confiable también en el área de las finanzas. Esa mujer es una hábil administradora. Ella sabe ganar, economizar e invertir de la mejor manera el dinero. El área financiera es una de las que más provoca contiendas en el matrimonio. Hoy, existen varios peligros en el área financiera: 1) gastar más que lo que se gana; 2) querer tener un patrón más elevado del que se puede; 3) estar insatisfecho con lo que se tienen; 4) pensar que la felicidad está en las cosas, y no en la actitud del corazón; 5) contraer deudas;

6) comprar a plazo con intereses excesivos; 7) comprar cosas no necesarias; 8) gastar dinero en lo que no le satisface.

Una mujer virtuosa valora más la relación que las cosas. Ella adora a Dios, ama las personas y usa las cosas. Vivimos la dolorosa realidad del consumismo galopante. Las personas compran lo que no necesitan, con el dinero que no tienen, para impresionar personas que no conocen. Ellas intentan llenar el vacío del corazón con cosas materiales y dejan de buscar a Dios. La Biblia dice que aquellos que quieren quedar ricos caen en tentación y trampas y atormentan a sí mismos con grandes flagelos. La verdad es que nada traemos para este mundo, ni nos vamos a llevar nada. Por lo tanto, teniendo que comer, que beber y que vestir debemos estar contentos, pues la piedad con contentamiento es gran fuente de ganancia.

## Ella es bendición (Pr 31:12)

El texto bíblico dice que la mujer virtuosa es un bálsamo, un refrigerio en la vida del marido. Ella es aliviadora de tensiones. Ella es una amiga, una confidente, una auxiliadora idónea, una consoladora.

Ella es una mujer estable emocionalmente. No es una mujer caprichosa, que una semana es romántica y la otra rencillosa. Ni un día, cariñosa y el otro cascarrabias. Ella es una bendición en la vida del marido, y no un peso. Ella es refrigerio para el marido y no amargura para su alma. Los biógrafos de Abraham Lincoln dicen que la tragedia más grande en la vida del presidente y estadista norteamericano no fue su asesinato, sino su matrimonio con Mary Todd Lincoln. Ella era una mujer cascarrabias, amarga y critica. Muchas veces, ella le echaba café caliente en la cara del presidente delante de sus invitados. Por esa razón, Lincoln era amante de las reuniones hasta muy adentro de la madrugada. No que le gustará tanto las reuniones, sino porque le disgustaba volver para la casa.

La mujer virtuosa es un trampolín en la vida del marido (Pr 31:23). El éxito del marido se debe a la influencia de su mujer. Al lado de un gran hombre, siempre hay una gran mujer. Ella hace que su marido vaya hacia adelante. Lo empuja hacia el progreso. Su marido disfruta de un buen concepto en la ciudad y en el trabajo, gracias a la magnífica influencia de la esposa. Hay hombres que no progresan en la vida porque la esposa lo hala para atrás. Solamente lo critica. Solamente lo desestimula.

El éxito de esa mujer en la vida profesional no es en perjuicio de la familia. Esa mujer es el eslabón de unión de la familia. Ella, como sabia constructora, edifica su casa. El marido y los hijos son felices. Esa mujer sabe que ningún éxito profesional compensa el fracaso de su matrimonio o de su familia. Llegan al apogeo del éxito profesional y escalan posiciones de destaque en la carrera del éxito, pero acaban con el matrimonio y con la vida emocional de los hijos. Esa victoria es pura pérdida. Ese éxito no pasa de un fracaso consumado.

### Ella es trabajadora (Pr 31:15)

La mujer virtuosa es buena dueña de casa y administradora hábil (Pr 31:15). Ella tiene criadas (Pr 31:15), pero está involucradas con el buen andamiento de la casa. Ella controla las actividades y la atmosfera de su hogar. Es cuidadosa en el cumplimiento de sus quehaceres domésticos. Es una mujer presente en el hogar. Ella es la administradora del hogar. Ella gerencia su hogar con sabiduría. Tiene cuidado de todo.

Ella no es dejada (Pr 31:27). Su casa anda en orden. Su casa no es un desorden, una anarquía. Su casa anda en perfecto orden. Pueden venir visitas a cualquier momento pero ella no queda colorada de vergüenza.

Ella no come el pan de la pereza (Pr 31:27). Quedamos cansados solamente de enumerar las actividades de esa mujer. Ella no es una mujer que se queda durmiendo todo el día, o paseando por la calle todo el día viendo vitrinas. Quizás el problema de la mayoría de las mujeres de hoy en día no sea la ociosidad, sino la correría. ¿Cómo tener tantas actividades fuera del hogar y aun cuidar bien del andar de la casa?

La mujer virtuosa tiene visión de negocios. Ella es diestra en la costura (Pr 31:13), ella busca el alimento para el mantenimiento de la casa (Pr 31:14). Ella trabaja y tiene ganancias. Ella trabaja día y noche (Pr 1:18,19). Ella produce (Pr 31:24). Ella vende, comercializa, tiene trabajo, no es dependiente ni parasito.

Le mujer que trabaja en el hogar es una trabajadora incansable, pues el quehacer domestico es un trabajo continuo y muchas veces invisible y no reconocido. Aquellas que, además de trabajar en el gerenciamiento de la casa, también trabajan fuera del hogar se esfuerzan doblemente. Normalmente, las mujeres acaban trabajando más que los hombres, porque aun trabajando fuera del hogar, ellas no dejan sus quehaceres domésticos.

En los años 70, alrededor de 75% de las familias dependían apenas de una renta para sostener toda la familia. Hoy, más de 70% de las familias dependen de dos rentas para mantener el mismo patrón. El lujo de ayer se volvió una necesidad imperativa hoy. Ganamos más, consumimos más y, no es por eso que somos más felices. Tenemos que tener mucho cuidado para no colocar nuestro corazón en las cosas. La Biblia dice que donde este nuestro tesoro, allí también estará nuestro corazón. Por lo tanto, debemos buscar las cosas de lo alto y juntar tesoros allá arriba, donde ladrón y polilla y oxido no pueden destruirlos.

### Ella es prevenida (Pr 31:21,25b)

La mujer virtuosa es organizada (v. 21). Ella no deja las cosas para última hora. Ella tiene un programa. Ella anticipa las cosas. Antes de llegar el invierno, ya alista para su familia las ropas adecuadas. Esa mujer tiene una agenda y sabe administrar bien su tiempo. Ella tiene tiempo para Dios (v. 30); tiempo para el marido (v. 12); tiempo para los hijos (v. 28); tiempo para su prójimo (v. 20); y tiempo para sí misma (v. 22). Y todo eso contribuye para el buen andar de su hogar.

Ella no es ansiosa (v. 25b). Ella no vive lloriqueando. No vive anticipando problemas, sino soluciones. No vive con miedo del mañana. La persona ansiosa ve lo que no existe, aumenta lo que existe y se debilita ante las dificultades. La palabra "ansiedad" en la lengua griega significa estrangulamiento. Una persona ansiosa vive sin oxígeno. Ella vive asfixiada, atormentada, sin paz.

Jesús dice que la ansiedad es inútil, porque nadie, por más ansioso que esté, puede añadir un centímetro a su existencia. La ansiedad no es apenas inútil; ella también es perjudicial, porque significa ocuparse anticipadamente de un problema potencial. Estadísticamente, 70% de los problemas que nos afligen hoy nunca llegan a suceder. De esta manera, una persona ansiosa, sufre dos veces. Sufre antes que y después que el problema llega. Sí el problema nunca sucede, ella ya sufrió por él, y eso, sin necesidad.

Pero la ansiedad también en una señal de incredulidad. Quedamos ansiosos porque dudamos que Dios sea suficientemente poderoso para cuidarnos. El remedio para la sanidad de la ansiedad es entender la grandiosidad de nuestro Dios. El profeta Daniel dice que el pueblo que conoce a Dios es un pueblo fuerte (Dn 11:32).

## Ella es generosa (Pr 31:20)

La mujer virtuosa tiene el corazón sensible y las manos abiertas. Ella no es una mujer egoísta. Es sensible a las necesidades de los demás. Ella hace caridad y ayuda los pobres. Su dinero y sus bienes no son solamente para ser acumulados, sino distribuidos con generosidad. Ella no se preocupa solamente con su familia, sino con los que sufren a su alrededor. Esa mujer no es avarienta, mezquina o egoísta.

Existen muchas personas que gastan grandes sumas de dinero en un vestido, en un bolso, en un zapato, en un adorno, mientras que hay personas hambrientas a su alrededor con necesidad de comer un plato de arroz con frijol.

Hoy gastamos más con cosméticos que con el Reino de Dios y con el prójimo. Nuestra generación gasta más con Coca Cola® que con filantropía. Acumulamos para nosotros mismos un montón de cosas superfluas, mientas a nuestro alrededor perece una multitud de gente necesitando cosas esenciales.

Tenemos que aprender con esa mujer virtuosa. Ella cuida del marido, de los hijos, de la casa, de los negocios y del prójimo y hace todo eso de buen agrado (v. 13).

### Ella es elegante (Pr 31:17,22b)

La mujer virtuosa cuida de su cuerpo y hace gimnasia: *Ciñe de fuerza sus lomos, Y esfuerza sus brazos* (v. 17). Ella cuida de su salud. Ella tiene una autoestima correcta. Ella se mantiene en buena forma. Ella tiene tiempo para sí misma; para cuidar de su salud, de su forma, de su apariencia. Ella no es una mujer dejada con su presentación personal. Ella no es una mujer flácida, dejada con su aspecto físico.

Ella también se viste con elegancia (v. 22b). Ella tiene amor propio. Ella reconoce su propio valor. Ella se preocupa con su apariencia personal, con su presentación. Ella tiene buen gusto para vestirse. Ella sabe presentarse en cualquier ambiente. Anda alineada. Anda a la moda. Se viste con decencia, con buen gusto.

¡Mujer, cuide de su apariencia! Eso es importante para su autoimagen y para su marido. A ningún marido le gusta tener una esposa dejada en el cuidado del cuerpo y en su manera de vestir.

Hoy vivimos dos extremos: aquellas mujeres que no cuidan del cuerpo, y aquellas que solamente cuidan del cuerpo. Unas son dejadas; otras son fútiles. Hoy, vivimos la idolatría del cuerpo. Los gimnasios se multiplican como hongos por las calles y avenidas de las pequeñas y grandes ciudades. Las personas están cada vez más cuidando de la apariencia y dejando de cultivar un espíritu manso y tranquilo que tiene gran valor ante Dios. No basta tener una buena apariencia y tener una vida interior sin consistencia. No basta apenas tener una camada de maquillaje y tener un cuerpo en forma, si el alma está flácida y sin ejercicio espiritual.

## Ella es educadora (Pr 31:26)

La mujer virtuosa es una consejera sabia. Ella mira la vida desde la perspectiva de Dios. Ella ve la vida por la óptica de Dios. Ella comparte una visión correcta de la vida para los hijos. Como necesitamos de madres consejeras. Peter Marshall, ex capellán del senado americano, escribió un célebre sermón sobre las madres como los guardianes de las fuentes. Él habló de una villa bucólica donde vivía un personaje misterioso que vivía en las matas limpiando las fuentes para que el agua llegara a la villa limpia y saludable. Un día, la cámara de concejales descubrió el sueldo del guardia de las fuentes y resolvió echarlo de su trabajo. Los concejales resolvieron construir un gran reservatorio de agua y recoger agua que bajaba por las faldas de la montaña. No demoró para que el agua llegara al reservatorio lleno de barro. Los cisnes dejaron de venir a la fuente de la villa. Los pájaros, que alegraban las tardes con sus voces hilarantes, buscaron otros horizontes. Los niños, al tomar el agua con barro, empezaron a enfermar.

Entonces, los concejales se reunieron y notaron que habían tomado una decisión equivocada. Inmediatamente, contrataron nuevamente el guardia de las fuentes, y no demoró para que el agua volviera a salir limpia del bosque, regando la fuente de la ciudad. No demoró para que los pájaros volvieran a los jardines de la villa, y los niños recobrasen la salud nuevamente.

Las madres son las guardias de las fuentes. Ellas limpian las fuentes, removiendo escombros, sacando los escombros y abriendo camino para que el agua emane limpia y pura para abastecer las familias y la sociedad. Las madres son las mayores educadoras del mundo. Abraham Lincoln decía que aquel que tiene una madre piadosa nunca es una persona pobre. Él afirmó que las mismas manos que mecen la cuna gobiernan el mundo.

La mujer virtuosa es una consejera bondadosa. Su lengua es una fuente de buenos consejos, habla con ternura, con gracia; no hay rencor ni insensatez en sus palabras. Ella es prudente y bondadosa en el hablar. Habla la verdad en amor. Es una madre consejera.

La mujer virtuosa tiene tiempo para los hijos y sabe escucharlos. Tenemos que priorizar los hijos. Tenemos que oírlos sin censura, sin crítica. Tenemos que mantener el canal de comunicación abierto. Tenemos que hacer de nuestro hogar un lugar de sanidad, de apoyo, de ayuda. Nuestros hijos son nuestro tesoro más grande. Ellos son la herencia de Dios. De nada sirve ganar el mundo entero y perder los hijos. Ningún éxito compensa la perdida de los hijos.

La mujer virtuosa no provoca sus hijos a la ira. Ella sabe dosificar la corrección con estimulo. Hay madres que solamente cobran. Los hijos nunca consiguen satisfacer sus exigencias. Si saca 9 en una prueba de matemática, ella dice: "Debería haber sacado 10". Una madre sabia jamás desestimula los hijos. Ella sabe que su lengua es medicina. Ella comprende que sus palabras son más poderosas que las circunstancias más difíciles que los hijos enfrentaran en la vida.

### Ella es piadosa (Pr 31:25a,30)

La mujer virtuosa es una mujer de vida moral irreprensible (Pr 31:25). Fuerza y dignidad son sus adornos. Es una mujer de fibra, que tiene valor, determinación. Ella tiene un nombre honrado, una conducta digna, una vida limpia, un comportamiento irreprensible.

Ella reconoce que su belleza más grande no es física, sino espiritual (Pr 31:30). Mujer que solamente piensa en gimnasio, en almacenes de marca, en salón de belleza, en cosméticos, en hoyas, en ropas caras, en apariencia es mujer fútil, superficial, vacía, hueca. El apóstol Pablo habla que la principal belleza de la mujer debe ser un espíritu manso y tranquilo (1 P 3:3-5). La belleza interna debe ser más grande que la belleza externa.

La gloria más grande de esa mujer es andar con Dios. Es temer a Dios. Es llevar a Dios en serio. Es ser sierva. Es andar en sintonía con el Señor. La belleza pasa, pero el temor del Señor permanece para siempre.

Nosotros necesitamos desesperadamente mujeres piadosas. La familia es el patrimonio moral más grande que poseemos. Sí la familia naufraga, la sociedad entra en colapso. No hay esperanza para la familia, entonces, sin mujeres que conozcan a Dios. No hay esperanza para la juventud sin madres que sean ejemplo de piedad para los hijos.

### Ella es elogiada (Pr 31:28-31)

La mujer virtuosa es elogiada por su marido (v. 28,29). Ella invierte en el marido y tiene retorno garantizado. El marido la considera la mejor mujer del mundo. Ella tiene cualidades superlativas. Él realiza los elogios más efusivos a ella. Él la admira. Él proclama a sus amigos la bendición grandiosa que la esposa es en su vida. Esa mujer es muy amada. Esa mujer tiene el corazón de su marido.

Ella es elogiada también por los hijos (v. 28). Ella no tiene preferencia por un hijo en desventaja para el otro, como Rebeca, la esposa de Isaac. TODOS sus hijos la llaman bienaventurada, de mujer feliz. Todos reconocen que ella cosecha lo que sembró: ¡La felicidad!

¿Sus hijos podrían decir que usted, mamá, es una mujer feliz? ¿Sus hijos podrían decir que usted es una mujer amada? ¿Usted puede colocar su foto en el mismo cuadro que ostenta la fotografía de la mujer virtuosa?

La mujer virtuosa es también elogiada por sus obras (v. 31). Quien siembre bondad, quien planta la generosidad y quien cultiva la virtud, cosecha los frutos bendecidos de esa siembra; quien invierte la vida para hacer la voluntad de Dios, cosecha los dulces frutos de la alegría, de la felicidad y de la gratitud.

La mujer virtuosa es, más allá de cualquier cosa, elogiada por Dios (v. 30). Dios la exalta, la promueve. Esa mujer tiene el reconocimiento no apenas en la tierra, sino también en el cielo.

Esa mujer tiene tiempo para Dios, para el marido, para los hijos, para los necesitados, para sí misma. Su vida es vivida en el centro de la voluntad de Dios. Por eso, **Dios** la llamó preciosa. **Sus hijos** la llaman bienaventurada, feliz. **Su marido** dice que ella es la mejor mujer del mundo. **Sus obras** la alaban públicamente.

¿Le gustaría imitarla como mujer, sierva de Dios, esposa y mamá? Víctor Hugo, el más famoso poeta romántico de Francia, que vivió en el siglo 19, compuso uno de los más bellos poemas sobre la grandeza de la mujer. Ese poema puede ser un retrato de la mujer virtuoso.

### El hombre y la mujer

El hombre es la más elevada de las criaturas.
La mujer es el más sublime de los ideales.

## Las virtudes de la mujer que edifica un matrimonio feliz

Dios hizo para el hombre un trono, para la mujer, un altar.
El trono exalta, el altar santifica.
El hombre es el cerebro, la mujer, el corazón.
El cerebro produce la luz, el corazón el amor.
La luz fecunda, el amor resucita.
El hombre es genio, la mujer es el ángel.
El genio es inmensurable, la mujer no se puede definir.
La aspiración del hombre es su gloria suprema.
La aspiración de la mujer es la virtud extrema.
La gloria promueve la grandeza.
La virtud conduce a la divinidad.
El hombre tiene la supremacía, la mujer la preferencia.
La supremacía significa la fuerza.
La preferencia representa el derecho.
El hombre es fuerte por la razón, la mujer, invencible por las lágrimas.
La razón convence, las lágrimas conmueven.
El hombre es capaz de todos los heroísmos.
La mujer, de todos los martirios.
El heroísmo ennoblece, el martirio sublima.
El hombre es el código, la mujer, el evangelio
El hombre es el águila que vuela, la mujer el ruiseñor que canta.
Volar es dominar el espacio, cantar es conquistar el alma.
El hombre tiene un farol, la conciencia.
La mujer tiene una estrella, la esperanza.
El farol guía, la esperanza salva.
Por fin, el hombre está colocado donde termina la Tierra.
Y la mujer, donde empieza el cielo.

# 9

# El perdón y la reconciliación son mejores que el divorcio

En estos tiempos posmodernos, el propio cimiento del matrimonio está en peligro. La presente generación no acepta los absolutos de Dios. Los marcos antiguos son arrancados, y cada uno busca vivir de acuerdo con sus propias ideas. En este mundo plural, posmoderno y pos-cristiano, prevalece la privatización de los conceptos y valores. Cada uno establece para sí mismo lo que es correcto y lo que es errado. No existe el concepto de una ley absoluta y universal que rige la conducta y el comportamiento. Así, la institución del matrimonio es despreciada para legitimar el concubinato; los vínculos conyugales son debilitados para estimular el divorcio; la verdad es relativizada para justifica actitudes egoístas. En verdad, actualmente esperamos más del matrimonio que las generaciones anteriores, y lo respetamos menos. Los vestidos de novia están cada vez más blancos, y los velos, cada vez más largos, pero la fidelidad a los votos sagrados del matrimonio está cada vez más débil. Las ceremonias de matrimonio cada vez se vuelven más fáciles, y los matrimonios cada vez más difíciles.

Diversas son las causas que contribuyen para el espantoso crecimiento del divorcio. Entre esas causas están la emancipación de la mujer, el cambio de preponderancia en el empleo (marido y mujer trabajan), el desempleo, el aprieto financiero, las facilidades legales para el divorcio, la declinación de la fe cristiana, la falta de comprensión de la santidad del matrimonio y la defensa al divorcio. Muchos consideran el matrimonio heterosexual, monógamo, Mono somático e indisoluble una institución ultrapasada, rígida, obsoleta, opresiva, decadente y victoriana.

Muchos matrimonios sobreviven, a pesar de la crisis; otros sucumben en la crisis. El divorcio es una realidad dramática en la sociedad contemporánea que ya alcanza en algunos países el asombroso índice de 50%. No podemos cerrar los ojos a esa dramática realidad.

Los fariseos le formularon a Jesús una pregunta sobre el divorcio con la finalidad de ponerlo a prueba. Quizás esperaban que Jesús también hablara del divorcio en tono ofensivo a Herodes y a Herodías (Mt 14:3). El lugar no era distante de donde Juan el Bautista había sido decapitado por denunciar el matrimonio ilícito del rey Herodes con Herodías. La oposición de los fariseos a Jesús era intermitente. Los fariseos deseaban enredar a Jesús en el debate de Shammai-Hillel. Obviamente Jesús, no se asoció con la tolerancia del rabino

Hillel. Sin embargo, no se dejó llevar por una discusión estéril e inútil. Aprovechó el momento para afirmar nuevamente verdades fundamentales sobre el matrimonio.

Primero, **Jesús endosó la estabilidad del matrimonio**. Los lazos matrimoniales son más que un contrato humano: son un yugo divino.

Segundo, **Jesús declaró que la provisión mosaica del divorcio era una concesión temporal al pecado humano**. Lo que los fariseos denominaban "mandamiento", Jesús lo llamaba "permiso", y permiso con recelo por causa de la obstinación humana, y no de la intención divina. El error de los fariseos estaba en ignorar la diferencia entre la voluntad absoluta de Dios (el matrimonio) y la provisión legal a la pecaminosidad humana (el divorcio).

Tercero, **Jesús llamó de adulterio el segundo matrimonio después del divorcio, en el caso de que no tenga base sancionada por Dios**. Si sucedieran un divorcio y un segundo matrimonio sin la sanción de Dios, entonces cualquier otra unión que siguiera, es ilegal y adulterada.

Cuarto, **Jesús permitió el divorcio y el segundo matrimonio sobre la base única de la inmoralidad**. La inmoralidad es la única cláusula de excepción establecida por Jesús. La infidelidad conyugal le da al cónyuge traicionado el derecho de divorciarse y casarse de nuevo. Con seguridad, eso no quiere decir que, habiendo infidelidad, el divorcio es compulsorio. El perdón es un mejor camino que la separación, como lo demostraremos más adelante.

La enseñanza de Jesús sobre ese magno asunto es absolutamente clara y necesaria para dar norte a nuestra generación. La artimaña de los fariseos es revelada por una pregunta capciosa sobre el divorcio y fue desmantelada por la respuesta de Jesús, aclarando que el matrimonio fue creado por Dios, pero el divorcio, por la dureza del corazón humano. Ellos entonces contratacan con otra pregunta sutil: *Le dijeron: ¿Por qué, pues, mandó Moisés dar carta de divorcio, y repudiarla?* (Mt 19:7). Más allá de complicar a Jesús, esa segunda pregunta de los fariseos le dio la oportunidad para explicar sobre el divorcio:

> *Él les dijo: Por la dureza de vuestro corazón Moisés os permitió repudiar a vuestras mujeres; mas al principio no fue así. Y yo os digo que cualquiera que repudia a su mujer, salvo por causa de fornicación, y se casa con otra, adultera; y el que se casa con la repudiada, adultera* (Mt 19:8,9).

A partir de ese texto, podemos presentar algunas conclusiones sobre la enseñanza de Jesús sobre el divorcio.

### El divorcio no es obligatorio

El matrimonio fue instituido por Dios; el divorcio no. El matrimonio es ordenado por Dios; el divorcio no. El matrimonio agrada a Dios; el divorcio no. Dios odia el divorcio, pero ordena el matrimonio. Dios permite el divorcio, pero jamás lo ordena. El divorcio jamás fue el ideal de Dios para la familia.

La pregunta de los fariseos - *¿Por qué, pues, mandó Moisés dar carta de divorcio, y repudiarla?* (Mt 19:7) - revela el uso equivocado que los judíos hacían de Deuteronomio 24 en los días de Jesús. ¿Qué dijo Moisés sobre el divorcio?

> *Cuando alguno tomare mujer y se casare con ella, si no le agradare por haber hallado en ella alguna cosa indecente, le escribirá*

*carta de divorcio, y se la entregará en su mano, y la despedirá de su casa. Y salida de su casa, podrá ir y casarse con otro hombre. Pero si la aborreciere este último, y le escribiere carta de divorcio, y se la entregare en su mano, y la despidiere de su casa; o si hubiere muerto el postrer hombre que la tomó por mujer, no podrá su primer marido, que la despidió, volverla a tomar para que sea su mujer, después que fue envilecida; porque es abominación delante de Jehová, y no has de pervertir la tierra que Jehová tu Dios te da por heredad* (Dt 24:1-4).

Es importante recalcar que no fue Moisés el que instituyó el divorcio. Ese proceso ya existía antes de Moisés. La enseñanza de Moisés sobre el divorcio en Deuteronomio 24:1-4 revela tres puntos básicos: primero, el divorcio fue permitido con el objetivo de prohibirle al hombre de volver a casarse con la primera esposa, si se ha divorciado de ella. El propósito de la ley era proteger la mujer del primer esposo imprevisible y talvez cruel. De esa manera, la ley no fue estipulada para estimular el divorcio. Segundo, el permiso para divorciarse era apenas en el caso de que el marido encontrase en la esposa alguna cosa indecente. Por último, si el divorcio era permitido, también lo era el segundo matrimonio. Todas las culturas del mundo antiguo entendían que el divorcio traía consigo el permiso de un nuevo matrimonio.

Los fariseos interpretaron equivocadamente la ley de Moisés sobre el divorcio. Ellos la entendieron como un mandamiento; Cristo la llamó permiso, una tolerancia. Moisés no ordenó el divorcio; él lo permitió. Es de suma importancia entender por lo menos tres enseñanzas fundamentales de Jesús sobre ese magno asunto en su respuesta a los fariseos.

La primera enseñanza es que hay una absoluta diferencia entre ordenanza (*eneteilato*) y permiso (*epetrepsen*). El divorcio no es una ordenanza, y sí un permiso. Jesús como supremo e infalible interprete de las Escrituras dio el verdadero significado de Deuteronomio 24:1-4. Dios instituyó el matrimonio, y no el divorcio. Dios no es el autor del divorcio; el hombre es el que lo originó. El divorcio es una institución humana, no obstante, es reconocido, permitido y reglamentado en la Biblia (Lv 21.7,14; 22.13; Nm 30.9; Dt 22.19,29; 24.1-4; Is 50.1; Jr 3.1; Ez 44.22). El divorcio no fue instituido por Dios; es un invento humano.

El divorcio jamás debe ser encarado como ordenado por Dios o una opción moralmente neutra. Es una evidencia clara del pecado, el pecado de la dureza del corazón.

La segunda enseñanza de Jesús es un punto central en Deuteronomio 24:1-4; ¿Cuál es el significado de la expresión: *hallado en ella alguna cosa indecente?* Las palabras hebreas son *erwath dabar*. Esas palabras habrían sido traducidas de varias maneras, incluyendo *alguna cosa indecente*, *alguna cosa vergonzosa*, *alguna indecencia*. Literalmente, las dos palabras hebreas significan "una cuestión de desnudez". La mayoría de los interpretes está de acuerdo con John Murray cuando dice: "No hay evidencia para probar que *erwath dabar* se refiere a adulterio o acto de impureza sexual [...], nosotros podemos concluir que *erwath dabar* significa alguna indecencia o comportamiento no adecuado". John Murray argumenta por las siguientes razones:

1. El Pentateuco prescribía la muerte para el adulterio (Lv 20:10; Dt 22:22-27).

2. Números 5:11-31 trata del caso de la sospecha probada del adulterio de la esposa, y como el marido debería actuar en caso que el espíritu de celos viniera sobre él. De esta manera, la cuestión de Deuteronomio 24:1-4 se trata de otra cosa.
3. Deuteronomio 22:13-21 también trató del caso de una mujer acusada injustamente de previa promiscuidad sexual, pero que demostró que era inocente. De esta manera, ese con seguridad no es el caso tratado en Deuteronomio 24.
4. Deuteronomio 22:23,24 trata del caso de una novia virgen comprometida que se acuesta con otro hombre. La sanción para los dos era el apedreamiento.
5. Ni puede la "cosa indecente" de Deuteronomio 24:1 ser el caso retratado en Deuteronomio 22:25-27, donde la muchacha era forzada sexualmente. En ese caso, solamente el hombre era muerto.
6. Ni la expresión "cosa indecente" se refería al sexo premarital entre un hombre y una mujer aun no comprometidos. En ese caso, el hombre tenía el compromiso de casarse con ella sin el derecho de divorciarse (Dt 22:28-29).

Es importante observar que la ley de Moisés prescribía la penalidad de muerte para todos los que cometían adulterio (Lv 20:10; Dt 22:22). Los propios enemigos de Cristo, los escribas y fariseos, apelaron para esa ley cuando probaron a Jesús, lanzando a sus pies una mujer sorprendida en flagrante adulterio y exigieron una respuesta de él (Jn 8:1-11). La experiencia de José, desposado con María (Mt 1:18-25), indica que los judíos usaron el divorcio en vez del apedreamiento para lidiar con una esposa adúltera. Cuando Jesús descubrió que María, su mujer, aun no desposada, estaba embarazada, no sabiendo él aunque ella estaba embarazada por obra y gracia del Espíritu Santo, resolvió dejarla secretamente. Su deserción era lo mismo que divorciarse de ella. En vez de exigir el apedreamiento de María, él uso el expediente del divorcio. La penalidad de muerte estipulada en el Antiguo Testamento fue remplazada por el divorcio en el Nuevo Testamento. Eso es lo que enseña Jesús:

> También fue dicho: Cualquiera que repudie a su mujer, dele carta de divorcio. Pero yo os digo que el que repudia a su mujer, a no ser por causa de fornicación, hace que ella adultere; y el que se casa con la repudiada, comete adulterio (Mt 5:31,32).

Por implicación, Jesús revocó la pena de muerte para el adulterio y legitimó el divorcio en ese caso. Por lo tanto, es crucial entender el significado de "cosa indecente" en Deuteronomio 24:1 para interpretar correctamente lo que Moisés dijo. John Murray aun aclara:

> La frase *erwath dabar* en sí misma, cuando vista en el contexto del Antiguo Testamento, con seguridad se refiere a alguna cosa vergonzosa. No obstante, el hecho de que la frase *erwath dabar* solamente suceda una vez en el Antiguo Testamento (Dt 23:14), la palabra *erwath* sucede frecuentemente en el sentido de exposición vergonzosa del cuerpo humano (Gén 9:22,23; Éx 20:26; Lm 1:8; Ez 16:36,37). Además, la palabra frecuentemente es usada para un acto sexual ilícito (Lv 18), a pesar de no haber evidencia para mostrar que la frase *erwath dabar* significa acto sexual ilícito en Deuteronomio 24:1.

Fue exactamente la interpretación de la expresión "cosa indecente" que dividió las escuelas del rabino Hillel y del rabino Shammai, famosos eruditos judíos del siglo 1. Hillel defendía una posición liberal y decía que el marido podía divorciarse de la esposa por casi cualquier razón, mientras Shammai defendía una posición limitada y radical y afirmaba que Moisés se refería específicamente al pecado sexual. La escuela de Shammai hizo énfasis en la palabra "indecente" y la interpretó como adulterio, haciendo este ser el único fundamento para el divorcio. A su vez, la escuela de Hillel escogió como base de su exegesis la palabra "cosa", y así, buscó una salida para justificar cualquier "cosa" como base para el divorcio. Para la escuela de Hillel, "cosa" podría ser, por ejemplo, que la esposa deje que la comida se queme, o que el marido vea una mujer que le gusta más, o la esposa que hace que el marido coma algo que no le agrada. John Murray dice que para interpretar correctamente el significado de la expresión "cosa indecente" en Deuteronomio 24:1 es necesario buscar un equilibrio entre la estricta interpretación de la escuela de Shammai y la permisiva interpretación de la escuela de Hillel.

La tercera enseñanza de Jesús sobre el divorcio es sobre la dureza del corazón (Mt 19:8). El divorcio sucede porque los corazones no son sensibles. El divorcio es producto de corazones endurecidos. El divorcio solamente florece en el desierto árido de la insensibilidad y de la falta de perdón. El divorcio es desobediencia a los inmutables principios de Dios. Es una conspiración contra la ley de Dios. El divorcio es una consecuencia del pecado, y no una expresión de la voluntad de Dios. Dios odia el divorcio, dice el profeta Malaquías *Porque Jehová Dios de Israel ha dicho que él aborrece el repudio...* (Ml 2:16). Es una profanación del pacto hecho entre el hombre y la mujer de su juventud, una deslealtad, una falta de sentido común, un acto de infidelidad (Ml 2:10-16). Divorcio es la negación de los votos de amor, compromiso y fidelidad. Es apostasía del amor.

La dureza del corazón es la indisposición de obedecer a Dios y perdonar uno al otro. Donde no hay perdón, no hay matrimonio. Donde se cierra la puerta para el perdón, se abre una avenida para la amargura, y el destino final de ese viaje es el divorcio. El divorcio sucede no por determinación divina, sino porque los corazones se endurecen. El divorcio no es un mandamiento divino. No es compulsorio ni aun en caso de adulterio. El perdón y la reconciliación siempre son mejores que el divorcio.

### El divorcio es permitido bajo determinada condición

El divorcio no es lo ideal de Dios para el hombre y la mujer. Dios no los instituyó. En verdad, Él odia el divorcio, dice el profeta Malaquías (Ml 2:16). Jesús dice que Dios permitió el divorcio, pero jamás lo estableció como fruto de su voluntad: *Él les dijo: Por la dureza de vuestro corazón Moisés os permitió repudiar a vuestras mujeres; mas al principio no fue así* (Mt 19:8). Dios creó el hombre y la mujer, instituyó el matrimonio, lo bendijo y estableció el propósito de que ambos guarden sus votos de fidelidad hasta que la muerte los separe. Jesús es enfático: *por tanto, lo que Dios juntó, no lo separe el hombre* (Mt 19:6). Ningún hombre recibió la autoridad para separar lo que Dios juntó: ni el marido, ni la esposa, ni el magistrado civil, ni el pastor o sacerdote religioso. Por tanto, donde quiera que suceda el divorcio, no es el perfecto propósito de Dios para el matrimonio. El divorcio jamás representa una norma, o patrón, de Dios para el hombre. Por causa de la dureza del corazón, Jesús permitió el divorcio en caso de adulterio, pero no permitió en otros casos. *Y yo os digo que cualquiera que repudia a su mujer, salvo por causa de fornicación, y se casa con otra, adultera; y el que se casa con la repudiada, adultera* (Mt 19:9).

Aun en el tiempo del Antiguo Testamento, sería una equivocación hablar del divorcio como un derecho. A pesar que la práctica del divorcio fuera bien conocida en ese tiempo, no podemos considerarlo un derecho o un papel divinamente aprobado. La ley judía toleró el divorcio, pero lo no instituyó. En virtud de la imperfección de la naturaleza humana, estipuló normas para limitarlo e impedir su uso abusivo. El divorcio solamente es permitido cuando el cónyuge infiel se vuelve obstinado en su rechazo a interrumpir la práctica de la infidelidad conyugal. La consecuencia de esa enseñanza es que el cónyuge traicionado puede divorciarse legítimamente del cónyuge infiel sin estar bajo el juicio de Dios.

La infidelidad conyugal es un ataque a la propia esencia del vínculo matrimonial. En ese caso, el cónyuge que traiciona está "separando" lo que Dios juntó. En ese caso, el cónyuge traicionado tiene el derecho de divorciarse y casarse de nuevo. Obviamente, el perdón debe ser ofrecido antes de ese paso final. Sin embargo, el perdón implica arrepentimiento de la persona faltosa. Un cónyuge no arrepentido de su infidelidad y contumaz en su pecado puede ser dejado mediante el divorcio, a pesar que esa decisión no sea compulsoria.

El propio Dios se divorció de Israel por causa de la infidelidad de la nación. Israel despreció al Señor y se entregó a los ídolos abominables de las naciones vecinas, sirviéndolos y prostituyéndose con ellos. El profeta Jeremías trata de ese asunto en los siguientes términos:

> Me dijo Jehová en días del rey Josías: ¿Has visto lo que ha hecho la rebelde Israel? Ella se va sobre todo monte alto y debajo de todo árbol frondoso, y allí fornica. Y dije: Después de hacer todo esto, se volverá a mí; pero no se volvió, y lo vio su hermana la rebelde Judá. Ella vio que por haber fornicado la rebelde Israel, yo la había despedido y dado carta de repudio; pero no tuvo temor la rebelde Judá su hermana, sino que también fue ella y fornicó (Jr 3:6-8).

El arrepentimiento cambia la situación. Independiente del pecado de Israel, Dios aun busca y desea ardientemente su regreso: *Tú, pues, has fornicado con muchos amigos; mas ¡vuélvete a mí! dice Jehová* (Jr 3:1). El camino de la reconciliación y de la restauración es el arrepentimiento: *Convertíos, hijos rebeldes, dice Jehová, porque yo soy vuestro esposo; y os tomaré uno de cada ciudad, y dos de cada familia, y os introduciré en Sion* (Jr 3:14).

La disposición de Dios no es apenas de perdonar a su pueblo infiel, sino también de sanar su infidelidad: *Convertíos, hijos rebeldes, y sanaré vuestras rebeliones. He aquí nosotros venimos a ti, porque tú eres Jehová nuestro Dios* (Jr 3:22). El arrepentimiento remueve la causa que provoca el divorcio. El arrepentimiento es la íntima disposición de cambio y la determinación de volver al pacto conyugal hecho ante Dios. Donde existe arrepentimiento y perdón, no hay divorcio. Solamente hay un pecado que no puede ser perdonado, y ese pecado no es el divorcio. Siguiendo el ejemplo del profeta Oseas, que ejemplificó para la nación de Israel el amor compasivo de Dios, el cónyuge debería perdonar y recibir de vuelta la parte infiel (Os 2:14-22). El perdón es mejor que el divorcio.

Jesús declaró de manera expresa: *Por la dureza de vuestro corazón Moisés os permitió repudiar a vuestras mujeres; mas al principio no fue así* (Mt 19:8). Jesús está diciendo de esta manera que el cónyuge traicionado no tiene que divorciarse compulsoriamente por causa de la infidelidad de su cónyuge. Existe otro camino que puede, y debe, ser recorrido que es el camino del perdón, de la sanidad paciente y de la restauración de la relación quebrada. Ese debe ser el abordaje cristiano para ese problema. Infelizmente, por causa de la dureza de los corazones, algunas veces es imposible sanar las heridas y salvar el matrimonio. El divorcio es la opción final, y no la primera opción.

## El divorcio no es válido por cualquier motivo

En Mateo 19:9, Jesús dio la cláusula de excepción para el divorcio: *Y yo os digo que cualquiera que repudia a su mujer, salvo por causa de fornicación, y se casa con otra, adultera; y el que se casa con la repudiada, adultera.* Jesús declara que el matrimonio es una unión física permanente que solamente se puede deshacer por una causa física: la muerte o la infidelidad sexual. Jesús enfatizó en su afirmación que el divorcio no solamente no era permitido "por cualquier motivo" (Mt. 19:3), sino que no era permitido por ningún motivo, excepto por "relaciones sexuales ilícitas" (Mt 19:9). La única excepción y la única razón legal para ponerle fin a un matrimonio es *porneia*, el término griego que abarca adulterio, homosexualidad y bestialidad. El juzgamiento de Jesús sobre la cuestión del adulterio es más blando que la ley judía. Le ley judía sentenciaba con la pena de muerte los adúlteros. Pero el juicio de Jesús sobre el divorcio es más pesa que la ley judía. Para Jesús solamente había una cláusula de excepción para el divorcio, y no varias, y esta era las relaciones sexuales ilícitas.

Existe un gran debate entre los eruditos sobre el significado real de la palabra griega *porneia*. Algunos interpretan como incesto. Otros argumentan que significa fornicación, o sea, relación sexual premarital. Cuando un hombre descubría que su novia no era más virgen, él podía divorciarse de ella. José, desposado con María, al descubrir que ella estaba embarazada, no sabiendo que su embarazo era obra y arte del Espíritu Santo y no queriendo infamarla, resolvió dejarla en secreto (Mt 1:18-20). Otros interpretan *porneia* como adulterio. No obstante, la palabra específica para adulterio es *moicheia*, y la palabra griega *porneia* tiene un sentido muy amplio, abarcando incluso el adulterio. De esta manera, se puede concluir que *porneia* abarca todos los pecados sexuales, y solamente el contexto puede definir a que pecado específico se refiere. Tanto en Mateo 5:32 como en Mateo 19:9, *porneia* se refiere al acto sexual extraconyugal por parte de la mujer, lo que en la práctica es adulterio.

Jesús no enseñó que la parte inocente debe divorciarse del cónyuge infiel, aunque la infidelidad conceda la base legal para el divorcio. Jesús ni aun así estimulo o recomendó el divorcio por infidelidad. Lo que Jesús enfatizó es que el único divorcio y nuevo matrimonio que no equivalían a adulterio eran el de la parte inocente, cuyo cónyuge había sido infiel. De esta manera, el propósito de Jesús no era estimular el divorcio por esa razón, sino desmotivarlo por cualquier otra razón. Es la única excepción que da paso a la ilegalidad de cualquier otro motivo. Jamás se debe permitir que la preocupación con la única razón obscurezca la fuerza de la negación de todas las demás.

En Mateo 19:9 hay una combinación de dos clausulas, a saber, la cláusula exceptiva *me epi porneia* y la cláusula del nuevo matrimonio *kai gamese allen*. La cuestión de la legitimidad de nuevo matrimonio para el cónyuge inocente, después del divorcio por adulterio, no debería siquiera ser levantada en base de Mateo 19:9. Eso porque sí un hombre puede divorciarse legitima y legalmente de su esposa infiel, y sí el tal divorcio disuelve los vínculos conyugales, la cuestión del nuevo matrimonio es una medida inevitable.

Jesucristo mostró que el matrimonio, excepto en caso de relaciones sexuales ilícitas, es indisoluble. Sus argumentos son claros:

En primer lugar, **el matrimonio es indisoluble por causa de la institución divina.** En vez de responder a la pregunta de los cuestionadores sobre el divorcio, Jesús les hizo otra pregunta: *Él, respondiendo, les dijo: ¿No habéis leído que el que los hizo al principio, varón y hembra los hizo, y dijo: Por esto el hombre dejará padre y madre, y se unirá a su mujer, y los dos serán una sola carne?* (Mt 19:4,5). Antes de hablar de divorcio, Jesús habló de matrimonio. Antes de tratar del asuntó cuestionado, Jesús los llevó a las Escrituras. La razón de la multiplicación incontrolable de divorcios en la sociedad contemporánea es la misma de los tiempos antiguos: las personas buscan el divorcio sin antes entender lo que dicen las Escrituras sobre el matrimonio. Sí entendiésemos mejor la institución divina del matrimonio, buscaríamos menos la fuga a través del divorcio.

En segundo lugar, **el matrimonio es indisoluble por causa del mandamiento expreso registrado en las Escrituras:** *y dijo: ¿Por esto el hombre dejará padre y madre, y se unirá a su mujer, y los dos serán una sola carne? Así que no son ya más dos, sino una sola carne...* (Mt 19:5,6). El matrimonio es una decisión voluntaria, y no compulsoria; no es impuesto, sino deseado. La unión del marido con su mujer es más deseada que la permanencia del marido con los propios padres. Esa unión es más profunda que la unión que tuvo, y tiene, con los padres. Marido y mujer son una sola carne. Antes de unirse en matrimonio, es necesario dejar padre y madre.

Ese dejar físico no quiere decir dejar emocionalmente. Los hijos casados no aman menos a los padres por unirse a su cónyuge. Dejar padre y madre implica que el nuevo hogar tendrá *independencia* emocional y financiera para seguir su propio camino como una nueva célula en la sociedad. Tendrá libertad para trazar su propia ruta y destino. La intervención de los padres en el matrimonio de los hijos está en desacuerdo con la enseñanza bíblica. Ayudar los hijos en sus necesidades, orientarlos en sus perplejidades y animarlos en sus crisis es una actitud sensata y deseable, pero controlar los hijos y quitarles la libertad y el derecho de constituir un nuevo hogar con su propio liderazgo puede resultar desastroso.

La unión entre marido y mujer es una unión legal y física. El matrimonio es más que el acto sexual entre un hombre y una mujer. Esa relación es legítima, legal y santa. Tiene la bendición de los padres, la legitimidad social y la aprobación de Dios. Esa unión física no es pecaminosa, sino santa; no es prohibida por Dios, sino ordenada por Él. Esa unión es indivisible.

La palabra hebrea para *se unirá* es la misma usada para pegar dos hojas finas de papel. Es imposible separarlas sin romperlas o agredirlas. El divorcio siempre es traumático. Es como rasgar la carne de una persona. Produce dolor, sufrimiento y deja marcas indelebles.

Por el hecho que el marido y la mujer haberse vuelto una sola carne, el divorcio conspira contra ese mandamiento de Dios, separando lo que es indivisible e indisoluble. Esta es la razón por la que Dios odia el divorcio (Ml 2:16). El principio de que el pacto matrimonial no es divisible es resultado de su propia esencia. Aquello que no se compone de partes tampoco puede ser dividido en partes.

En tercer lugar, **el matrimonio es indisoluble porque ningún ser humano tiene autoridad para disolver lo que Dios juntó**. Así dice Jesús: *por tanto, lo que Dios juntó, no lo separe el hombre* (Mt 19:6). La palabra griega *antropos* aquí está en neutro y significa hombre, mujer, magistrado, pastor, sacerdote o cualquier otro ser humano. Ninguna autoridad de la tierra tiene competencia para separar lo que Dios juntó. Una ley no es justa ni moral apenas por ser ley. Aunque una persona reciba el certificado de divorcio del magistrado civil y se case de nuevo, bajos los auspicios de la ley, si el motivo del divorcio no es legítimo a la luz de las Escrituras, el nuevo matrimonio también es ilegitimo a los ojos de Dios, visto que el primer matrimonio no fue anulado legítimamente. En ese caso, el segundo matrimonio es una bigamia y se constituye un adulterio. La legalidad civil del divorcio no anula el principio bíblico. La Biblia está por encima de cualquier ley civil. El hecho de una persona estar a paz y salvo con la ley de los hombres no quiere decir necesariamente que está a paz y salvo con la ley de Dios.

En cuarto lugar, **el matrimonio es indisoluble en virtud del ejemplo del primer matrimonio instituido por Dios.** Veamos lo que dicen las Escrituras: *Le dijeron: ¿Por qué, pues, mandó Moisés dar carta de divorcio, y repudiarla? Él les dijo: Por la dureza de vuestro corazón Moisés os permitió repudiar a vuestras mujeres; mas al principio no fue así* (Mt 19:7,8).

Jesús dejo claro que a pesar que el divorcio haya sido tolerado y permitido por la ley judía, para que abusos no fuesen cometidos, ese no fue el patrón de Dios cuando instituyo el primer matrimonio. Definitivamente, Dios no instituyó el divorcio. Es la consecuencia de la dureza del corazón humano, y fruto del corazón amoroso de Dios.

En quinto lugar, **el matrimonio es indisoluble por causa de las terribles consecuencias de la separación**. Jesús dijo: *Y yo os digo que cualquiera que repudia a su mujer, salvo por causa de fornicación, y se casa con otra, adultera; y el que se casa con la repudiada, adultera* (Mt 19:9).

El divorcio solamente es tolerado en caso de relaciones sexuales ilícitas (Mt 19:9) y de abandono irremediable (1 Co 7:15). Además de esas únicas clausulas exceptivas establecidas por las Escrituras, el divorcio y el nuevo matrimonio constituyen adulterio. Obviamente, si los lazos del primer matrimonio no sean de manera legítima, desecho una nueva unión implica adulterio. El nuevo matrimonio solamente es permitido para el cónyuge fiel, víctima de infidelidad o abandono.

Cuando los discípulos oyeron la enseñanza de Jesús sobre el matrimonio y el divorcio, ellos concluyeron lo siguiente: *Le dijeron sus discípulos: Si así es la condición del hombre con su mujer, no conviene casarse. Entonces él les dijo: No todos son capaces de recibir esto, sino aquellos a quienes es dado*

(Mt 19:10,11). Jesús no flexibilizó los límites para el expediente del divorcio. Esos postulados son inmutables, aunque la sociedad contemporánea los rechace para su propia ruina.

## La enseñanza de Pablo sobre el divorcio

Si una pareja vive en crisis conyugal de tal monto que el estar juntos se volvió insustentable y ellos se separaron, el camino establecido por la Palabra de Dios es la reconciliación o, entonces, permanecer separados sin contraer nuevas nupcias. El apóstol Pablo dice así:

> *Pero a los que están unidos en matrimonio, mando, no yo, sino el Señor: Que la mujer no se separe del marido; y si se separa, quédese sin casar, o reconcíliese con su marido; y que el marido no abandone a su mujer* (1 Co 7:10,11).

Cuando uno de los cónyuges separados se casa de nuevo, sin base bíblica, o sea, no siendo por infidelidad sexual o abandono, ese cónyuge comete adulterio, porque Dios no reconoce la validez de su divorcio (Mt 5:32; Mc 10:11). Una vez que la persona referida se divorció y se casó de nuevo sin base bíblica, ese segundo matrimonio se constituye en adulterio. El apóstol Pablo enseña así sobre el divorcio:

> *Pero a los que están unidos en matrimonio, mando, no yo, sino el Señor: Que la mujer no se separe del marido; y si se separa, quédese sin casar, o reconcíliese con su marido; y que el marido no abandone a su mujer. Y a los demás yo digo, no el Señor: Si algún hermano tiene mujer que no sea creyente, y ella consiente en vivir con él, no la abandone. Y si una mujer tiene marido que no sea creyente, y él consiente en vivir con ella, no lo*

*abandone. Porque el marido incrédulo es santificado en la mujer, y la mujer incrédula en el marido; pues de otra manera vuestros hijos serían inmundos, mientras que ahora son santos. Pero si el incrédulo se separa, sepárese; pues no está el hermano o la hermana sujeto a servidumbre en semejante caso, sino que a paz nos llamó Dios* (1 Co 7:10-15).

El apóstol Pablo enseña básicamente tres verdades fundamentales en el texto mencionado.

Primero, **él fornece instrucción apostólica autorizada**. La antítesis que establece entre el versículo 10 y el versículo 12 no pone en mutua oposición su enseñanza y el de Cristo. Su contraste no es entre la enseñanza divina infalible (de Cristo) y la enseñanza humana falible (el suyo), pero entre dos maneras de enseñanza divina infalible, una procedente del Señor y otra apostólica.

Segundo, **Pablo repite y afirma nuevamente la prohibición de Jesús relativa al divorcio**. En los versículos 10 y 11, como en su enseñanza en Romanos 7:1-3, la prohibición del divorcio es afirmada en términos absolutos.

Tercero, **Pablo admite el divorcio en la base de la deserción de un cónyuge incrédulo**. En los versículos 12 a 16, Pablo trata de aquella situación surgida al casarse dos no cristianos, de los cuales uno posteriormente se convierte a Cristo. Si el cónyuge incrédulo desea vivir con el creyente, entonces el creyente no debe recurrir al divorcio. Pero si el cónyuge incrédulo no quiere quedarse y decide partir, entonces, el cristiano, o la cristiana, no está preso y queda libre para divorciarse y casar nuevamente Pablo dice:

*El perdón y la reconciliación son mejores que el divorcio* | 143

*Y a los demás yo digo, no el Señor: Si algún hermano tiene mujer que no sea creyente, y ella consiente en vivir con él, no la abandone. Y si una mujer tiene marido que no sea creyente, y él consiente en vivir con ella, no lo abandone. Porque el marido incrédulo es santificado en la mujer, y la mujer incrédula en el marido; pues de otra manera vuestros hijos serían inmundos, mientras que ahora son santos. Pero si el incrédulo se separa, sepárese; pues no está el hermano o la hermana sujeto a servidumbre en semejante caso, sino que a paz nos llamó Dios* (1 Co 7:12-15).

La cláusula exceptiva del adulterio enseñada por Cristo no niega, por implicación, la enseñanza de Pablo sobre el abandono, y Pablo positivamente enseñó lo que Cristo no negó. No hay desacuerdo entre la enseñanza de Jesús y la de Pablo. La restricción de Cristo sobre la infidelidad conyugal como el fundamento para el divorcio no es inconsistente con la admisión de Pablo sobre el abandono como otro fundamento para el divorcio. La enseñanza de Pablo no contradice la enseñanza de Cristo. Pablo y Cristo no están en conflicto en esa materia. Cristo habla de la base activa para el divorcio; Pablo, da la base pasiva para él. Cristo habla que el cónyuge traicionado puede dar carta de divorcio. La iniciativa del divorcio es del cónyuge inocente. Pablo habla que el cónyuge abandonado está libre del yugo conyugal. De esta manera, la iniciativa del divorcio no es del cónyuge abandonado, pero de aquel que la abandonó. El cónyuge abandonado apenas puede reconocer el hecho de su abandono. En la enseñanza de Pablo, es la parte culpada que toma la iniciativa de la deserción o del divorcio. En la enseñanza de Jesús, es la parte inocente que toma la iniciativa del divorcio. Cristo habló de una separación voluntaria; Pablo, de una separación contra la voluntad del cónyuge abandonado.

Podemos sintetizar esta cuestión del divorcio de la siguiente manera: Matrimonio legítimo – Motivo legítimo – Divorcio legítimo = Nuevo matrimonio legítimo. Matrimonio legítimo – Motivo ilegitimo – Divorcio ilegitimo = Nuevo matrimonio ilegitimo.

El divorcio y el nuevo matrimonio, especialmente fuera de los parámetros bíblicos, acarrean muchas otras consecuencias, tanto para los cónyuges separados como para los hijos. Las consecuencias de esos daños también alcanzan la familia, los amigos, la iglesia y la sociedad como un todo. La fragilidad de la familia desestabiliza todas las demás relaciones y debilita las propias bases de la sociedad. Para muchos hijos, el divorcio de los padres es más drástico que el de la propia muerte de uno de ellos. En muchos casos, el divorcio es un luto permanente de padres vivos.

Apenas uno de cada diez niños se siente aliviado con el divorcio de los padres. En el divorcio, los niños pierden algo que es fundamental para su desarrollo, la estructura familiar. Cuando el círculo familiar se rompe, los hijos se sienten vulnerables, dándoles una sensación de miedo, tristeza, perdida, abandono y rebeldía. Niños de todas las edades se sienten intensamente rechazados cuando los padres se divorcian. Se espera que los padres hagan el sacrificio por los hijos, y no que estos se sacrifiquen por los padres. Los niños sienten intensa soledad. El divorcio de los padres es una experiencia aguda, dolorosa e incluso indeleble en la vida de muchos hijos.

Para los niños, el divorcio de los padres no significa una nueva oportunidad, sino un futuro sombrío. Y eso les causa gran sufrimiento y mucha inseguridad. Siente que su infancia quedo perdida para siempre. El divorcio es el precio que los hijos pagan por el fracaso de los padres. Las secuelas del divorcio de los padres comprometen, muchas veces, el futuro de los hijos. El producto de ese infeliz desenlace son los hijos inseguros, acomplejados y rebeldes.

### El perdón es mejor que el divorcio

El divorcio no es un mandamiento de Dios, sino una decisión del hombre. Él nació en la Tierra, no en el cielo como fruto de la dureza del corazón humano, y no del corazón amoroso de Dios. Dios instituyó el matrimonio, nunca el divorcio. Él toleró el divorcio y lo permitió en condiciones específicas, pero la verdadera causa motriz del divorcio es la dureza del corazón (Mt 19:8).

¿Qué es dureza del corazón? Es la incapacidad de perdonar. Jesús ya había tratado de ese importante asunto en el capítulo anterior de Mateo (Mt 18:21-35). Donde hay perdón, no hay necesidad de divorcio. El divorcio es la afirmación que la herida no tiene sanidad. El divorcio es la renuncia definitiva de una relación herida. Sin embargo, el perdón, sana la herida, restaura la relación y renueva el matrimonio.

Encontramos algunas verdades sublimes sobre el perdón en la Biblia:

**La primera verdad sobre el perdón es que debemos perdonar unos a otros de la misma manera como Dios, en Cristo, nos perdonó.** El perdón de Dios es completo, final y constante. Siempre que llegamos a Dios con un corazón humillado, Él está listo para perdonarnos. Si confesamos nuestros pecados, Él es fiel y justo para perdonarnos. Él es rico en perdón y tiene placer en la misericordia. Nuestra condición seria desesperadora delante de Dios, si Él nos limitase su perdón. Seriamos consumidos por nuestros pecados si Dios no nos tratase según sus muchas misericordias. Él jamás rechaza el corazón quebrantado y el espíritu humillado. Siempre encontramos gracia y restauración delante del trono de Dios. Él es quien perdona nuestros pecados y de ellos no se acuerda jamás. Él borra nuestras transgresiones como la neblina. Él lanza nuestros atrás de su espalda. Él lanza nuestros pecados en lo profundo del mar y los aleja de nosotros como el Oriente está distante del Occidente.

De la misma manera, también debemos perdonar unos a otros. Como Dios nos perdona, debemos perdonar. El perdón de Dios es nuestra referencia y modelo. De la misma manera que Dios perdona y restaura, debemos perdonar los que nos ofenden y restaurarlos. Dios perdona y continúa perdonando siempre que nos aproximamos de Él con el corazón arrepentido. Así también debemos perdonar nuestros deudores.

**La segunda verdad sublime sobre el perdón es que pedimos que Dios perdone nuestras deudas de la misma manera como perdonamos nuestros deudores.** Ahora la posición se invierte. Vimos antes que el perdón divino es el patrón mediante el cual debemos perdonar nuestros ofensores. Ahora, pedimos a Dios que Él nos perdone de la misma manera como nosotros perdonamos. Ahora el perdón que damos es el patrón mediante el cual pedíamos que Dios nos trate. Es imposible hacer la oración del Señor sin un espíritu perdonador. Si nuestro corazón es un pozo de amargura y venganza, no podemos orar como el Señor nos enseñó, pues estaríamos pidiendo juicio sobre nuestra cabeza en vez de misericordia; condenación, en vez de perdón. El perdón es el remedio para las tensiones conyugales, y no el divorcio.

**La tercera verdad sublime sobre el perdón es que restaura.** No podemos cargar en el corazón el peso de la amargura. El que no perdona no tiene paz, ni consigue adorar a Dios. El que no perdona no consigue orar con eficacia, sino que vive atormentado por los flageladores. El que no perdona enferma. El perdón es la asepsia del alma, es la limpieza del corazón, es la sanidad de las memorias amargas, es la amnesia del amor, es la liberación de los grilletes del resentimiento. Perdonar es recordar sin sentir dolor.

Más que nada, el perdón es una actitud de amor que visa no solamente dejar en ceros las cuentas del pasado, sino también restaurar los relacionamientos dañados. Cuando Dios nos perdona, Él no sólo cancela nuestra deuda; también nos restaura y nos da dignidad en su presencia. Él nos da una nueva oportunidad de vivir victoriosamente. Dios no solo nos levanta del polvo, sino que nos hace sentar entre príncipes. Esa verdad puede ser vista de manera elocuente en la parábola del hijo prodigo.

El hijo más joven empieza el proceso de naufragio en su vida cuando se deja dominar por un espíritu de desavenencia en la casa del Padres. Él tenía de todo, pero estaba insatisfecho. Si él era feliz, fue inconscientemente. Entonces, dio un paso rumbo al fracaso, pidiendo anticipadamente su herencia. En su corazón había matado a su padre. Él buscó los placeres y las aventuras del mundo con todo en anhelo de su corazón. El mundo se volvió más importante para él que su papá. Estaba rodeado de amigos, fiestas y mucha diversión. Él vivía animado en las alas de las aventuras más codiciadas. Estaba tomando todas las copas de los placeres que el mundo le podía ofrecer. Pero inconscientemente, él estuvo infeliz.

Las alegrías del pecado son falsas y pasajeras y la máscara cayó. El dinero se acabó. Los amigos huyeron. Se quedó solo, desamparado y sumergido en una profunda tristeza. Empezó a sufrir hambre. Se rebajó, fue al fondo del hueco, fue a parar a un chiquero para cuidar de cerdos, inmundos para los judíos. Ahora, era infeliz conscientemente. En lo alto de su desesperación, el pródigo recordó a su padre y tomó la decisión de volver para la casa. Pensó en sus errores, en la locura de lo que escogió, en la tragedia de sus pérdidas, en la caída de su reputación, en la perdida de sus derechos. Pensó en ser recibido apenas como un empleado. Se levantó y empezó la caminata de regreso al padre. Pero el padre, más allá de reprobar, de censurarlo, de aplastar la caña quebrantada y de alejarlo de la casa, corrió a su encuentro, lo abrazó y besó. Finalmente, él era feliz conscientemente.

Esa parábola nos enseña sublimes lecciones sobre el perdón:

En primer lugar, **Jesús nos enseña que el perdón cancela el pasado por más horrendo que haya sido.** El padre mandó quitarle los trapos sucios de barro de su hijo y colocarle un traje nuevo. Cuando las personas lo vieran, no verían ni un rastro de su miseria pasada. Ese sería un secreto apenas entre el Padre y el hijo, perdonado para siempre. De la misma manera debemos perdonar los que nos ofenden. No debemos revivir historias pasadas que nos amargaron. No debemos exponer nunca más la persona que nos ofendió al ridículo. Al contrario, debemos cubrirla con trajes nuevos. Es de esa manera que debemos desear que las otras personas la vean. Cuando el hijo mayor se rehusó a entrar a la casa y alegrarse con la restauración del hermano, el padre no le dio abrigo a su acusación. Para el corazón perdonador del padre, el pasado de su hijo era una página volteada, un libro cerrado, un caso cerrado que no debería ser revivido nunca más.

En segundo lugar, **Jesús nos enseña que el perdón restaura la persona caída y le devuelve la dignidad.** El padre mandó colocarle un anillo en el dedo. Él no era esclavo, sino hijo. El hijo quería ser apenas un esclavo, pero el padre le restauró su posición de dignidad, la de hijo. Como esclavo, aquel hijo siempre estaría cobrándose, siempre recordando sus tragedias, siempre castigándose. El padre no solamente canceló el pasado, sino que restauró su presente. El padre no solamente perdonó la deuda, sino que le devolvió el derecho a herencia.

En tercer lugar, **Jesús nos enseña que el perdón abre las puertas para la celebración de la reconciliación.** El padre no sólo recibió al hijo de regreso, sino que lo festejó. Dio un gran banquete. Hubo música y danzas de alegría. Aquel hijo que estaba perdido fue encontrado; estaba muerto pero ahora estaba vivo. El perdón es la fiesta de la restauración. Es la celebración festiva del reencuentro. Es el banquete de la reconciliación. La Biblia dice que hay una fiesta delante de los ángeles por un pecador que se arrepiente y regresa para Dios. Hay mucha más alegría en la restauración de un matrimonio roto que en la fuga de el por el divorcio.

La cuarta vedad sublime es que **el perdón está siempre más allá y por encima de nuestras fuerzas humanas.** El perdón es trascendental y extrapola las fronteras de la capacidad humana. Cuando los discípulos oyeron a Jesús hablar sobre el aspecto limitado del perdón, ellos exclamaron: *Señor: auméntanos la fe* (Lc 17:5). . Por eso la súplica de los discípulos: *Señor, auméntanos la fe*. Aquí encontramos algunas lecciones preciosas sobre el perdón:

**Solamente el Señor puede capacitarnos a perdonar.** El perdón es obra de Dios en nosotros. El perdón no es resultado de un temperamento manso, pero de la gracia de Dios en nuestro corazón. Solamente Jesús puede enseñarnos a perdonar de verdad. Solamente Él puede arrancar de nuestro pecho el dolor de la traición. Solamente Él puede sanar las heridas profundas del corazón de un cónyuge que fue traicionado, abandonado y cambiado por otra persona. Solamente Jesús puede sanar el alma de una hija que fue abusada sexualmente por el propio papá. Solamente Jesús puede sanar las memorias amargas de una persona que fue rechazada desde el vientre materno y nunca conoció lo que es amor de padre y madre. Solamente Jesús puede capacitar a un cónyuge a perdonar su consorte de una infidelidad sexual. Solamente Jesús puede aliviar las tensiones del corazón de aquellos que fueron abusados, que sufrieron injusticia, calumniados, pisoteados y perseguidos. Solamente Jesús puede capacitarnos a perdonar y liberar perdón.

El perdón no es fácil. Fácil es hablar sobre perdón. Perdonar es morir para nosotros mismos. Perdonar es salir en defensa de la persona que nos ofendió y atenuar la culpa de aquellos que nos maltrataron. Perdonar es amar nuestros enemigos y pagar el mal con el bien. Perdonar es recordar sin sentir dolor.

**Como el perdón es una actitud espiritual, tenemos que pedir que Jesús aumente nuestra fe.** Las personas que tienen una fe titubeante no consiguen perdonar. A menos que estén siendo fortalecidas por el amor que procede del corazón de Dios y cargadas por las fuentes que emanan del trono divino, no consiguen perdonar verdaderamente. El perdón es consecuencia de una vida de intimidad con Dios. La fe viene por la Palabra. Somos salvos por la fe. Vivimos por la fe. Vencemos por la fe. Perdonamos por la fe. **Todos nosotros estamos distantes del patrón divino con respecto al perdón.** Por eso, tenemos que orar: *Señor: auméntanos la fe.* Solamente Dios nos puede hacer crecer en esa ejercicio espiritual. Siempre estaremos distantes de patrón divino. Siempre necesitaremos avanzar para alcanzar el objetivo. Tenemos que buscar en Jesús la habilidad para perdonar como Dios nos perdona. Mientras más cerca andemos de Dios, más cerca de nuestro cónyuge estaremos y más lejos del divorcio.

## La reconciliación es mejor que el divorcio

El divorcio es un expediente amargo que produce dolor y decepción en los hijos y también en los cónyuges. El divorcio es una especie de terremoto que cae sobre el matrimonio y provoca el derrumbe de la familia. Las perdidas emocionales son inmensas. El revés financiero vuelve aún más amarga la persona herida por el abandono y separación. El confronto social es un peso que disminuye las víctimas del divorcio. Por más que sea proclamado, estimulado y aceptado, las secuelas del divorcio no desaparecen fácilmente. Sus efectos son notados muchos años después y, quizás aún, hasta en futuras generaciones.

El camino de la reconciliación es mejor que el atajo del repudio. Es más seguro y lleva a un destino más feliz. La solución para un matrimonio en crisis no es el divorcio, sino el arrepentimiento, el perdón y la reconciliación.

No hay causa perdida para Dios. No hay relacionamiento irrecuperable.

El matrimonio es un símbolo de la relación entre Cristo y su iglesia. Cuando pecamos contra el Señor, Él no nos castiga ni nos echa. Él nos perdona, nos restaura y conmemora con nosotros la fiesta de la reconciliación. El perdón debe ser completo, sino, no es perdón. El perdón es incondicional, sino, no refleja el amor incondicional de Dios. El perdón siempre es más grande que la herida. El perdón siempre supera el dolor. El perdón devuelve la dignidad al caído, sana el alma enferma y restaura la relación quebrada.

Uno de los cuadros más vivos del perdón incondicional es la historia del profeta Oseas y su esposa Gomer. La nación de Israel se había entregado a la apostasía. El pueblo estaba cansado de Dios y había abandonado al Señor y lo cambió por otros dioses. La nación de Israel estaba prostituyéndose espiritualmente, siendo infiel a su pacto con Dios. Entonces, el Señor, en vez de hablarle a la nación por medio del profeta, habló por la vida del profeta. En vez de exhortar al pueblo por medio de un sermón, demostró a Israel su amor por el padecimiento del profeta.

Gomer era una mujer bonita e atrayente, representativa como un símbolo de Israel. Ella tuvo tres hijos. El primer hijo se llamó Jezreel. Ese no es un nombre adecuado para ponerle a un hijo. Jezreel fue el lugar de una masacre. Fue un campo de sangre. Un lugar de violencia. Dios mostraba el peligro inminente de caería sobre el pueblo, si éste no se arrepintiera. Gomer quedo embarazada nuevamente y dio a luz a la no compadecida. El texto no dice que ella era hija de Oseas. Quizás esa niña ya fuera fruto de la infidelidad de Gomer. Dios mostraba su disgusto y desfavor a la nación de Israel por sus pecados. A esa altura, Gomer se entregó a una vida disoluta y quedó embarazada nuevamente. Ahora, Oseas tenía la seguridad de que ese niño no era de él. Cuando el niño nació, le puso el nombre de *No pueblo mío*. Israel no era pueblo de Dios. Se había desviado y entregado a la prostitución espiritual.

Después que el tercer hijo dejó el pecho, Gomer abandonó al profeta Oseas y se entregó a la lujuria, viviendo sin pudor con sus amantes. Se volvió una prostituta cultual. Se hundió en su pecado, corrompida al extremo. Sin importar el descalabro moral de Gomer, de la apostasía de su amor, Oseas la siguió amando y buscando formas de revelarle su amor. Al notar que ella pasaba por apuros en las manos de sus amantes, Oseas le compró regalos, pero ella se volvió más para sus amantes, entregándose aún más a pasiones infames.

El tiempo pasó, y Gomer perdió su brillo, su belleza, su encanto. Entonces, ella fue llevada al mercado para ser vendida como esclava. En medio de la multitud, Oseas vio su mujer acabada, gasta, envejecida, siendo vendida como una mercancía. Su corazón se conmovió. Él aún la amaba, por eso, participó de la subasta y ofreció el lance más alto para comprarla. El pueblo de Samaria con seguridad quedó chocado. Tal vez las personas pensaron que Oseas iba a desquitarse y matar la esposa adúltera. Pero Oseas, en vez de castigarla, la tomo en sus brazos, la apretó contra el pecho, la perdonó sin ninguna condición y le devotó su amor. Oseas invirtió en su mujer; la amó, la perdonó y la restauró. Finalmente, Oseas no solamente habló a la nación sobre el amor y del perdón de Dios, sino que demostró eso de manera poderosa y convincente.

Podríamos ser como Gomer. Pero en vez de Dios sentir asco de nosotros, Él corre hacia nosotros, nos abraza, nos besa, nos honra, nos perdona, nos restaura y celebra la fiesta de la reconciliación. Dios no solo borra nuestras transgresiones; Él nos recibe de regreso y celebra nuestro regreso a Él. Dios no solo cancela nuestra deuda, sino que nos concede el privilegio de ser hijos y herederos. Dios no solo sepulta nuestro pasado en el mar del olvido, sino que construye una relación llena de ternura en el presente. Dios no apenas tapa las fosas oscuras de nuestro pasado vergonzoso, sino que construye puentes de un nuevo y vivo relacionamiento. Perdón implica restauración.

Tal vez usted esté alejado de alguien que un día formó parte de su vida. Tal vez una muralla de bronce esté separándolo de alguien que debería estar a su lado. Tal vez dentro de casa haya muchos muros construidos. Tal vez usted sea casado, pero ya no duerme en la misma cama que su esposa. Tal vez usted nunca se haya librado del dolor de la traición de su cónyuge, ni jamás haya conseguido perdonar aquel amigo que lo decepcionó. Tal vez usted nunca haya conseguido perdonar a su papá o a su mamá por la manera ruda con la que le trataron en la infancia o por el trato diferente que dieron a sus hermanos. Tal vez sus heridas aun estén sangrando, y su alma aún se encuentre en gran angustia.

Ha llegado el momento de estancar esa hemorragia que drena sus fuerzas. Ha llegado el momento de dar un basta en ese dolor que le sofoca y decretar su propia libertad. Usted puede ser sano de ese dolor y atar esa herida. Usted puede perdonar las personas que abrieron heridas en su corazón y verse libre. Usted puede restaurar las relaciones quebradas. ¡Usted puede probar el poder del perdón en su vida!

## La iglesia debe ser una comunidad de sanidad para los heridos del divorcio

¿Cómo la Iglesia debe tratar las personas heridas del divorcio? Ellas se multiplican a cada día. Ellas están en todo lugar y también ocupando los bancos de la iglesia. ¿Qué hacer con aquellos que cayeron? Los fariseos trataron las personas heridas con rigor y legalismo. Daban más valor a sus tradiciones que a las personas. Sin embargo, Jesús actuó diferente.

La mujer samaritana ya estaba en la sexta relación conyugal. Había tenido cinco maridos y ahora estaba viviendo con un hombre que no era su legítimo marido. Su reputación era reprobable. Las personas la veían como un riesgo para la sociedad. Ella era despreciada. Tenía que ir sola al pozo a buscar agua en un horario absolutamente desfavorable. Las personas huían de ella. Pero Jesús no evitó encontrarse con esa mujer desechada y excluida. Él entabló un diálogo con ella. Él chocó aún sus discípulos al conversar con esa mujer proscrita (Jn 4:27).

En su viaje para Galilea, Jesús decidió pasar por Samaria, porque tenía un encuentro con esa mujer samaritana (Jn 4:1). Jesús no despreció esa pecadora. Habló con ella, se reveló a ella. Despertó en ella la conciencia de su sed espiritual y le ofreció el agua de vida. Lejos de expulsarla del reino por causa de su pecado de múltiples divorcios, Jesús la salvó, la perdonó y le hizo una misionera. La Iglesia necesita encarnar la misericordia de Jesús. Cuando las personas llegan al fondo del pozo, tenemos que darles esperanza, y no condenación. Jesús no cerró la puerta del reino para esa mujer divorciada. Al contrario, le dio el agua de vida e hizo de ella una embajadora de las buenas nuevas de salvación. No importa cuál sea nuestra posición sobre la cuestión del divorcio o el nuevo matrimonio, el rechazo de sus víctimas no puede ser bíblicamente justificado.

En cierta ocasión, los fariseos le trajeron a Jesús una mujer sorprendida en adulterio. La lanzaron a los pies del Señor para que Él se posicionará sobre su destino. Le recordaron que la ley exigía el apedreamiento. Pero en vez de caer en la trampa de los enemigos de planta, Jesús les quitó la máscara y les reveló sus propios pecados, diciendo: *El que de vosotros esté sin pecado sea el primero en arrojar la piedra contra ella* (Jn 8:7). Los acusadores, picados por la propia conciencia huyeron. A la mujer, Jesús le dijo: *¿dónde están los que te acusaban? ¿Ninguno te condenó? Ella dijo: Ninguno, Señor. Entonces Jesús le dijo: Ni yo te condeno; vete, y no peques más* (Jn 8:10-11).

La Iglesia es lugar para que los heridos encuentren aceptación, perdón, sanidad y restauración. Jesús no puso una carga de culpa en esa mujer que ya había sido arrastrada a sus pies. Ella ya estaba muy humillada. Él solamente le extendió la mano, la levantó y le restauró la dignidad de una nueva vida.

La Iglesia debe ser una comunidad abierta a todos, pero no abierta a todo. Ella acoge los pecadores y rechaza el pecado. Ella ama al pecador, pero abomina el pecado. Los divorciados necesitan encontrar en la Iglesia de Dios un lugar de aceptación, sanidad y restauración, a pesar que debamos repudiar el pecado del divorcio con firmeza, de la misma manera como lo hizo Jesús.

Como Iglesia, tenemos que actuar preventivamente, ofreciendo a los jóvenes consejería prematrimonial y también actuar terapéuticamente, ofreciendo consejería a las parejas que enfrentan problemas conyugales, así como soporte a aquellos que son víctimas del divorcio, con la finalidad que sean restaurados a vivir en la dependencia de Dios.

Su opinión es importante para nosotros. Por gentileza, envíe sus comentarios por e-mail: editorial@editorialhagnos.com

hagnos

Visite nuestro sitio web: www.editorialhagnos.com

Esta obra fue compuestas con la fuente Goudy Old Style, 12.